PETRA FRANKE

Jede dunkle Nacht hat ein helles Ende

Ein Begleiter durch die Zeit der Trauer

Liebe Biggi,

ein paar Gedanken für Dich.

Herzlichst

Barbara

12/2014

INHALT

VORWORT

Trauer schmerzt. Sie nimmt jeden Gedanken und sämtliche Sinne gefangen. Sie macht die Tage dunkel und leer. Die Erschütterung geht tief in die Seele. Plötzlich ist alles anders. Für die Hinterbliebenen ist die Welt mit einem Mal eine völlig andere. Was gerade noch wichtig war, ist plötzlich bedeutungslos. Woran das Herz hing, ist verloren. Und noch lange, auch wenn die Trauer längst überwunden scheint, kann unvermittelt eine Erinnerung den alten Schmerz wieder auslösen.

Unser Leben ist ohnehin jeden Tag aufs Neue eine Herausforderung; Trauerzeiten sind jedoch unvergleichlich belastender. Nicht nur der allgegenwärtige Schmerz verunsichert die Betroffenen, sondern auch die Hilflosigkeit und Überforderung, die der Tod bei den Trauernden auslöst. Aber bei allem Leid, das der Verlust eines geliebten Menschen bewirkt, bleibt doch die Sehnsucht, die Trauer zu überwinden und ins Leben zurückzufinden.

Dazu braucht es eine »Überlebensstrategie«, eine Handlungsanleitung, die Ihnen Orientierung und Halt gibt, wenn Sie weder aus noch ein wissen. Dieses Buch soll Ihnen als Begleiter dienen während der schweren Lebenskrise, die ein Trauerfall bei den nächsten Angehörigen in der Regel auslöst. Es soll Ihnen helfen, den Schmerz auszuhalten und ihn Schritt für Schritt zu bewältigen.

Die Bewältigung der Trauer geschieht auf zwei Ebenen: auf der Ebene des Verstandes und auf der des Herzens; anders ausgedrückt: rational und emotional. Sie werden erst lernen müssen, sich in Ihrem neuen Leben zurechtzufinden – ohne den Menschen, der Ihnen so viel bedeutet hat. Sie müssen Ihre Gedanken neu ordnen und Ihre Gefühle bewältigen. Es geht darum, einerseits den Trauerschmerz zu ertragen und andererseits aus Ihrem Inneren heraus

Kräfte zu mobilisieren, um die Trauer schließlich zu überwinden. Dabei geht der Verstand voran, und die Gefühle folgen nach.

Auch wenn es Ihnen zunächst unvorstellbar erscheint, jemals wieder etwas wie Glück und Freude empfinden zu können, so ist es doch möglich und auch nötig, denn Ihr Leben ist noch nicht vorbei. Sie können es schaffen! Es wird auch für Sie ein Leben nach der Trauer geben. Sie werden Geduld und Kraft brauchen und dürfen die Hoffnung und Zuversicht nicht verlieren. Durch Wissen und Übung können Sie lernen, Ihre Trauer zu verarbeiten.

So verschieden die Menschen sind, so unterschiedlich gehen sie mit Krisensituationen um. Eines aber ist immer gleich: Tod und Trauer lösen die schmerzhaftesten Gefühle und die dunkelsten Gedanken aus. Oftmals treiben sie die Betroffenen an die Grenzen des Erträglichen. Aber um den Trauerprozess kommt niemand herum. Verschleppte und unterdrückte Trauer kann das gesamte weitere Leben belasten. Deswegen ist es besser, den gesunden Prozess der Trauer zu verstehen und sich ihm zu stellen.

Die Begegnung mit Verlust und Trauer löst Angst und Beklemmung aus. Krankheit, Leid und Tod sind nicht Teil unserer Lebensplanung und erschrecken uns zutiefst. Und doch kann ein gesunder Umgang mit dem Wissen, dass alles auf dieser Erde endlich ist, durchaus Gutes für den Alltag bewirken. Die Frage »Was ist wirklich wichtig?« wird im Angesicht des Todes neu beantwortet.

Ihr Leben wird weitergehen, eines Tages werden sich die Nebel lichten, und die Sonne wird wieder für Sie scheinen. Sie werden wieder Freude empfinden und fröhlich lachen können, auch wenn in Ihrem Herzen eine Stelle dunkel bleibt. Traurigkeit und Wehmut werden Sie nicht für immer beherrschen.

Die Trauerzeit kann über Monate oder sogar Jahre hinweg anhalten. Die Dauer hängt von vielen Faktoren ab – nicht zuletzt von Ihnen selbst. Aber der Weg der Trauer hat einen Anfang und ein Ende. Dazwischen liegt die Zeit der Verarbeitung, also Arbeit. Es ist ein Weg zurückzulegen, an dessen Ende Sie nicht mehr derselbe Mensch sein werden.

Wohin wird dieser Weg Sie führen? In ein Leben, in dem Sie intensiver, achtsamer und dankbarer mit sich selbst, mit den Menschen um Sie herum und mit den Dingen umgehen? Oder in ein Leben, das geprägt ist von Gleichgültigkeit, Verbitterung und dumpfem Schmerz? Beides ist möglich, und Sie haben großen Einfluss darauf. Letztlich entscheiden Sie selbst über den Ausgang Ihrer Trauerzeit.

Vieles von dem, was Ihnen bisher wichtig war, wird in Ihrer neuen Lebensphase kaum noch eine Rolle spielen. Vieles von dem, wonach Sie bislang gestrebt haben, wird zur Nebensache. Dafür wird sich Neues zeigen, und Sie werden vielleicht überraschende Perspektiven entdecken und neue Wege gehen.

Das Abschiednehmen von einem geliebten Menschen bedeutet Trauer und Schmerz. Es bedeutet aber auch Liebe und Dankbarkeit dafür, womit der Verstorbene Ihr Leben bereichert hat. Pflegen Sie die dankbare Erinnerung und ein ehrendes Angedenken.

Dieses Buch soll Ihnen sozusagen als »Geländer« dienen, an dem Sie während der langsam einander ablösenden Trauerphasen Halt finden. Es bringt die Themen zur Sprache, die erfahrungsgemäß für Hinterbliebene am bedeutsamsten sind – Aspekte, die Ihnen helfen können, Ihre Gefühle besser zu verstehen und Ihren Schmerz zu bewältigen.

Trauer ist ein langsamer Prozess. Lesen Sie das Buch daher nicht in einem durch; sonst könnten Sie sich unter Druck oder Zugzwang setzen. Die Abfolge der Kapitel ist an die verschiedenen Phasen der Trauer angelehnt. Jedes ist aber so abgefasst, dass es auch für sich genommen abgeschlossen und verständlich ist. In welcher Reihenfolge Sie die Kapitel lesen, sollten Sie nach Ihren persönlichen Bedürfnissen entscheiden. Ziehen Sie immer wieder Stellen heran, die Sie zum jeweiligen Zeitpunkt ansprechen, und lassen Sie sich Zeit zum ruhigen Verinnerlichen.

Die Verarbeitung der Trauer geschieht nicht geradlinig, sondern macht Schritte vor- und rückwärts. Sie werden auch Sackgassen und Umwege betreten, und viele Punkte und Themen werden mehrere Anläufe verlangen. Wie bei allen Lernvorgängen spielt das Wiederholen nach Rückschlägen eine zentrale Rolle. Aus diesen Gründen und weil viele Aspekte in immer wieder anderen Zusammenhängen eine Rolle spielen, lassen sich inhaltliche Wiederholungen nicht vermeiden.

Der Grundgedanke dieses Buches lautet: »Gib niemals auf!«. Auch wenn in den dunkelsten Momenten alles noch so schwer und sinnlos erscheint, wird es eine Zukunft geben, und es lohnt sich dafür zu kämpfen. Machen Sie das Beste für sich aus der Zeit, die Ihnen bleibt. Es gibt keine andere Wahl.

»Der Schmerz ist der größte Lehrer der Menschen. Unter seinem Hauch entfalten sich die Seelen.« (MARIE VON EBNER-ESCHENBACH)

Der Tod ist allgegenwärtig. Er ist ein meistens unsichtbarer, aber beständiger Begleiter. Diese Tatsache soll uns jedoch nicht lähmen, sondern herausfordern, das Leben zu lieben und jeden lebendigen Augenblick dankbar zu genießen.

Der Umgang mit Sterben und Tod führt immer auch zur Frage nach dem Sinn des Lebens. Der Tod fordert uns direkt auf, über die grundsätzlichsten Dinge nachzudenken. Wir fragen uns, woher wir kommen, wohin wir gehen und welche Bedeutung unser Leben hat. Antworten darauf muss letztlich jeder für sich selbst suchen und wird sie bestimmt nicht immer finden. Mit offenen Fragen umzugehen gehört auch zum Trauerprozess.

Als Trauerrednerin erlebe ich täglich Tränen und Leid. Ich bin sozusagen ein Profi in Sachen Tod und Trauer. Trotzdem kann auch ich mich nicht an den Tod gewöhnen. Er bleibt eine Belastung, und ich leide aufrichtig mit jedem Hinterbliebenen. Der Kummer und die Zerstörung, die der Tod anrichten kann, sind unbeschreiblich. Trotzdem liebe ich meine Arbeit, denn sie führt zu sehr intensiven Begegnungen. Selten sind Menschen so offen und ehrlich wie im Angesicht des Todes. Er zwingt uns dazu, authentisch und wahrhaftig zu sein.

Weil ich mich als »weltliche Trauerbegleiterin« verstehe, verzichte ich in meiner täglichen Arbeit und ebenso in diesem Buch weitgehend auf religiöse Symbolik und kirchliche Dogmatik. Das heißt jedoch keineswegs, dass Gott für mich keine Bedeutung hätte. Trost, Halt und Hoffnung schöpfe ich sogar vor allem aus meiner Beziehung zu Gott. Er gibt mir die Kraft, mit all dem Schweren und Traurigen umzugehen, dem ich viel zu oft begegne. Auch ich habe schon geliebte Menschen verloren.

Nicht nur einmal musste ich den Weg der Trauer gehen, aber ich hoffe darauf, meine Verstorbenen eines Tages in einer anderen Welt wiederzusehen. Ich glaube an die Auferstehung der Toten. Doch das spielt im Alltag und in der Bewältigung aktueller Probleme und gegenwärtigen Leidens eine untergeordnete Rolle. Wir leben hier und heute. Mitten im gegenwärtigen Leben gilt es, mit dem Tod zurechtzukommen – zunächst mit allen in dieser Welt zur Verfügung stehenden Mitteln, so wie ich sie in diesem Buch beschreibe.

Darüber hinaus jedoch ist es vielleicht ein besonderes Vorrecht der Leidenden und Trauernden, mit einer jenseitigen, »höheren« Welt in Berührung zu kommen, mit einer Welt, die sich außerhalb von Raum und Zeit befindet. Wer leidet und nicht mehr weiterweiß, ist am ehesten bereit, bei Gott Hilfe zu suchen. Sollten Sie das Bedürfnis dazu verspüren, dann beten Sie, auch wenn Gott Ihnen bisher wenig bedeutet hat. Das ist vielleicht mein wichtigster »Tipp« für Ihre Suche nach Trost.

Ich wünsche Ihnen von ganzem Herzen die nötige Kraft auf Ihrem Weg durch die Trauer, damit Sie eines Tages wieder zuversichtlich in Ihre Zukunft blicken können!

Ihre 

Faktor Zeit

Die Uhr tickt. Unaufhaltsam. Die Zeit schreitet voran und nimmt alles mit sich fort. Die glücklichen Stunden ebenso wie die traurigen. Einmal habe ich eine Spruchkarte gelesen, auf der stand: »Auch das geht vorüber.« Zunächst fand ich diese Aussage platt, ja geradezu lächerlich. Was für eine Binsenweisheit! Nun aber, nach den Erfahrungen der Zwischenzeit, finde ich den Spruch weise.

GLÜCK IST VERGÄNGLICH

Glücksmomente können wir nicht festhalten, so sehr wir es uns wünschen. Aber auch die schweren Stunden bleiben nicht für immer. Das eine wie das andere geht vorbei! Deshalb ist die Hoffnung berechtigt, nach der Zeit der Trauer wieder Zeiten der Freude zu erleben. Sie wird eine andere Qualität haben. Der Verlust bleibt bestehen und wird Sie durch Ihr weiteres Leben begleiten. Aber es ist möglich, Trauer und Schmerz mit der Zeit hinter sich zu lassen.

Die innere Uhr ist verstellt

Neben der physikalischen Zeit, die wir von Uhren und Kalendern ablesen, gibt es ein individuelles Zeitempfinden. Jeder Mensch hat einen eigenen inneren Takt, seinen persönlichen Rhythmus. Dieses Zeitgefühl wird von dem bestimmt, was Sie erleben. In einer Stresssituation wie nach einem Todesfall scheint die Zeit für die Betroffenen stehen zu bleiben. Das Zeitempfinden gerät durcheinander, der Trauernde fällt sozusagen aus der Zeit heraus. Der Tod verändert die Dinge auf eine Art und Weise, die ein normales Weiterleben zunächst unmöglich macht. Nichts läuft mehr in seiner gewohnten Bahn. Das Lebensgefüge wird auf den Kopf gestellt.

Alles gerät aus dem Takt

Die Tageszeiten treten plötzlich außer Kraft. Nachts liegen Trauernde oft wach, und bei Helligkeit schleppen sie sich müde und kraftlos durch den Tag. Der gewohnte Alltag gerät aus dem Rhythmus. Jede Besorgung oder Verrichtung kostet Überwindung. Dabei sind gerade jetzt die verschiedensten Regelungen im Zusammenhang mit dem Todesfall zu treffen. Was das tägliche Leben sonst ausgefüllt hat, bleibt stehen und liegen. Man läuft wie in Trance herum, macht und tut das Notwendige und ist doch innerlich verstört und durcheinander. Das Leben ist aus dem Takt. Alles fühlt sich ungewohnt und fremd an, Sie stoßen an Ihre Grenzen.

Die Zeit vergeht, andere Zeiten kommen

Verstehen Sie diese Zeit als eine Phase des Übergangs. Ihr innerer Rhythmus wird sich wieder einschwingen und zurückgelangen zu der Ruhe, die Sie brauchen, um leben zu können. Nehmen Sie diese Zeit innerer Unruhe und Verzweiflung wahr als einen Ausdruck Ihrer Verbundenheit und Liebe zum Verstorbenen.

Kurz oder lang – eine Sache des Maßstabs

Ein anderer zeitlicher Aspekt ist dieser: Wahrscheinlich waren Sie im Ihrem Umkreis bereits bei Trauerfeiern zu Gast. Beim unmittelbaren Abschied, während der Trauerrede, in der Kirche und auf dem Friedhof kommen angesichts der Ungeheuerlichkeit des Todes fast jedem Gast immer wieder die Tränen.

Wie anders ist die Perspektive nur eine oder zwei Stunden später, wenn man zu Tisch sitzt und gemeinsam des Verstorbenen gedenkt! Trotz aller Erschütterung richtet sich der Blick dankbar und versöhnlich auf das Gute in der Vergangenheit und nach dem Einsehen des Unausweichlichen wieder auf die Gegenwart und

Zukunft. Allmählich stellt sich etwas Gelassenheit ein. So verläuft im Prinzip jede Trauer; nur ist der zeitliche Maßstab für die nahen Angehörigen ein ganz anderer. Aber die Zeit heilt alle Wunden.

LEBEN UND TOD: EIN KREISLAUF

Wer einen Menschen zu Grabe tragen muss, ist mit der unumstößlichen Tatsache konfrontiert, dass nichts im Leben Bestand hat. Alles verändert sich, und das Leben geht viel zu schnell vorüber. Wenn es gut geht, spannt sich heute der Lebensbogen weit: Durchschnittlich sind es rund 80 Jahre von der Geburt bis zum Tod. Dazwischen liegen die Kindheit und Jugend, das Erwachsenenalter und schließlich der Lebensabend und das Greisenalter. So wie in der Natur alles keimt, wächst, blüht, Früchte trägt und schließlich stirbt, so verhält es sich auch mit dem Menschen.

Ohne Tod kein Leben

Das Werden und das Vergehen bedingen einander zwangsläufig. Diese Prozesse sind vorgegeben, und wir sind ihnen unterworfen. Jeder weiß das, und trotzdem fällt es schwer, den Tod als etwas Natürliches zu akzeptieren. Aber er ist einerseits die Basis des irdischen Lebens und der Evolution sowie andererseits auch die Vollendung des individuellen Lebens. Wie weit sich der Lebensbogen jedes Einzelnen spannen wird, bleibt bis zuletzt ein Geheimnis. Der Tod ist jedoch umso schwerer zu verkraften, je unvollendeter ein Leben erscheint, das heißt, je jünger ein Mensch stirbt. Die Frage »Warum?« treibt die Angehörigen dann besonders stark um. Aber sie ist nicht zu beantworten. Verlieren Sie ein Kind oder einen Menschen in der Mitte seines Lebens, werden Sie mit vielen offenen Fragen leben müssen. Das kann sehr belastend für Sie sein. Die unlösbare Frage nach dem Warum sollten Sie deshalb nicht in den Mittelpunkt Ihrer Trauerarbeit rücken.

Der Schriftsteller und Dichter Hermann Hesse beschreibt in einem seiner bekanntesten Gedichte (siehe unten) das Werden und Vergehen des Menschen und die Hoffnung auf das Danach.

ANREGUNG: **ZUM NACHDENKEN**

Stufen

Wie jede Blüte welkt und jede Jugend
Dem Alter weicht, blüht jede Lebensstufe,
Blüht jede Weisheit auch und jede Tugend
Zu ihrer Zeit und darf nicht ewig dauern.
Es muß das Herz bei jedem Lebensrufe
Bereit zum Abschied sein und Neubeginne,
Um sich in Tapferkeit und ohne Trauern
In andre, neue Bindungen zu geben.
Und jedem Anfang wohnt ein Zauber inne,
Der uns beschützt und der uns hilft, zu leben.

Wir sollen heiter Raum um Raum durchschreiten,
An keinem wie an einer Heimat hängen,
Der Weltgeist will nicht fesseln uns und engen,
Er will uns Stuf' um Stufe heben, weiten.
Kaum sind wir heimisch einem Lebenskreise
Und traulich eingewohnt, so droht Erschlaffen,
Nur wer bereit zu Aufbruch ist und Reise,
Mag lähmender Gewöhnung sich entraffen.

Es wird vielleicht auch noch die Todesstunde
Uns neuen Räumen jung entgegensenden,
Des Lebens Ruf an uns wird niemals enden ...
Wohlan denn, Herz, nimm Abschied und gesunde!

ANREGUNG: **ZUM WEITERDENKEN**

Versuchen Sie in Einklang zu kommen mit Ihrem Lebenskreis, mit Ihrer persönlichen Entwicklung und Ihrem gegenwärtigen Alter. Und akzeptieren Sie auch den Lebenskreis des Verstorbenen, der sich nun geschlossen hat. Er hatte seinen Lebensweg, und Sie haben den Ihren. Das Wahrnehmen der Natur und der Jahreszeiten kann Ihnen helfen, besser zu begreifen, wie das Leben auf dieser Erde angelegt ist. Alles hat dabei seinen Sinn und Zweck, alles greift ineinander und baut aufeinander auf. Alles hat seine Gestalt und seine Schönheit, und nichts geht verloren. Verstehen Sie sich und auch den Verstorbenen als Elemente dieses wunderbaren Ganzen. Nehmen Sie die Faszination und die Kraft des sich verändernden Lebens auf, indem Sie den Jahreslauf betrachten und sich ihm aussetzen. Beobachten Sie, wie sich Ihre natürliche Umgebung Tag für Tag verändert. Sie können sich dazu beispielsweise draußen auf eine Bank setzen oder an ein geöffnetes Fenster. Schauen sie sich die Umgebung in Ruhe an. Riechen und schmecken Sie die Luft, spüren Sie die wohltuende Wärme der Sonne auf Ihrem Gesicht oder den Wind. Schauen Sie bei Tag und Nacht in die unendliche Weite des Himmels.

Erweitern Sie Ihre Perspektive

Versuchen Sie, im Phänomen Leben das beständige Werden und Vergehen zu erkennen. Fassen Sie es auf als ein Kommen und Gehen, hinter dem ein Sinn verborgen liegt. Stellen Sie sich vor, wie das einzelne Lebewesen winzig klein wie ein Staubkorn eingebettet ist in das unbegreiflich weite Universum. Sie müssen akzeptieren, dass alles um Sie herum sich verändert und nichts für immer bleibt. Je besser Sie sich innerlich den Veränderungen des äußeren Lebens anzupassen lernen, umso leichter wird es Ihnen fallen, seinen Entwicklungen und Abläufen zu folgen und sich nicht an Situationen festzuklammern, die der Vergangenheit angehören. Anders ist es nicht möglich, inneren Frieden zu finden.

Das Werden und Vergehen allen Lebens auf dieser Erde können Sie jederzeit um sich herum beobachten. Aber das macht den Umgang damit für Sie im Moment sicher nicht leichter. Es ist schier unfassbar, dass ein Mensch einfach so verschwindet. Dass er begraben wird und nichts mehr von ihm bleiben soll als unsere Erinnerung an ihn. Deswegen haben Menschen zu allen Zeiten gehofft, dass mit dem Tod nicht alles aus und vorbei ist, sondern dass er nur ein Übergang ist, das Tor in eine andere Welt.

Gibt es ein Totenreich? Gibt es eine Wiedergeburt im Jenseits? Gibt es die Auferstehung der Toten? Die Antwort werden Sie erst erfahren, wenn Sie eines Tages selbst die Schwelle vom Leben zum Tod überschritten haben. Bis dahin bleibt Ihnen die Hoffnung auf ein Wiedersehen. Sie dürfen gespannt sein.

DIE TRAUER: EIN PROZESS

Kaum etwas kann uns so sehr aus der Bahn werfen wie der Verlust eines geliebten Menschen. Ohne unser Zutun und gegen unseren Willen erfasst uns ein überwältigender Schmerz, sind wir unerträglicher Pein ausgeliefert. Wir sind nahezu hilflos den Gefühlen ausgesetzt, und die können sehr verwirrend und wechselhaft sein.

Die Psychologie hat erforscht, was mit einem Menschen während der Trauerzeit passiert. Die Phasen der Trauer zu kennen ist wichtig, denn das rationale Wissen kann Ihnen helfen, besser damit umzugehen. Auch die subjektiv erlebte bleierne Ewigkeit der Trauerzeit hat ihre Dynamik. Es ist tröstlich zu wissen, dass Sie mit dem, was Sie erleben, nicht allein sind. Denn alle Trauernden sehen sich ähnlichen Zuständen ausgeliefert, und diese wechseln im Allgemeinen nach einer gewissen Gesetzmäßigkeit.

DIE **PHASEN** DER TRAUER

Die gebräuchlichste Beschreibung des Verlaufs der Trauerzeit geht auf die Schweizer Psychologin Verena Kast zurück. Sie hat vier wesentliche Phasen der Trauer herausgearbeitet.

1. Das Nicht-Wahrhaben-Wollen

Der Tod eines Menschen schockiert immer, auch wenn er nicht unerwartet eintritt. Auf einmal ist alles anders. Es herrschen Verzweiflung und Ratlosigkeit. Man hat das Unvermeidliche noch nicht erfasst, leugnet es ab, will und kann es nicht glauben. Der Tod ist überwältigend, und der Schock sitzt tief. Unmittelbare körperliche Reaktionen sind zum Beispiel erhöhter Pulsschlag, Schwitzen, Übelkeit, Erbrechen, innere und äußere Unruhe. Diese erste Phase kann Stunden, aber auch Wochen andauern.

2. Aufbrechende Emotionen

Die Gefühle bahnen sich ihren Weg. Leid, Schmerz, Wut, Zorn, Traurigkeit, Angst können hervorbrechen. Fragen kommen auf wie »Warum trifft das gerade mich?«, oder »Womit habe ich das verdient?« Sogar gegen den Verstorbenen werden Vorwürfe gerichtet: »Wie konntest du mir das nur antun?«, »Was soll jetzt aus mir werden?« Oft brechen sich Aggressionen Bahn, und die Wut richtet sich gegen Gott und die Welt sowie auch nach innen: »Ich hätte es verhindern können!«, »Hätte ich nur besser aufgepasst!« Quälende Schuldgefühle können entstehen. Diese Gefühle helfen uns, die Trauer zu verarbeiten. Werden sie unterdrückt, können Schwermut und Depressionen die Folge sein. Die Dauer dieser Phase ist sehr verschieden. Man spricht gemeinhin von einigen Wochen bis zu mehreren Monaten.

3. Suchen und Sich-Trennen

Auf jeden Verlust reagieren wir reflexartig mit Suchen. In der Trauer suchen wir nach dem uns vertrauten Menschen, nach dem verlorenen gemeinsamen Leben, nach seinen Schauplätzen. Selbst bei Unbekannten wird nach den geliebten Gesichtszügen gesucht. Gewohnheiten und Eigenarten des Verstorbenen werden übernommen. Gemeinsame Erlebnisse werden erinnert und als Schatz bewahrt. Man führt innere Zwiesprache und fühlt sehr stark die unsichtbare Gegenwart des Anderen. Das ist auf zwiespältige Weise unendlich schmerzhaft und zugleich irgendwie schön. Im Verlauf dieses Suchens, Findens und Sich-Trennens kommt der Moment, in dem man die Entscheidung trifft, entweder wieder Ja zum Leben zu sagen oder in der Trauer zu verharren. Diese schwierige Phase, in der auch Selbstmordgedanken aufkommen können, kann Wochen, Monate oder gar Jahre dauern.

4. Neuer Selbst- und Weltbezug

Nachdem man all seinen Schmerz herausgeschrien hat, Anklagen und Vorwürfe machen durfte, kehren langsam Ruhe und Frieden in die Seele zurück. Der Verstorbene hat dort seinen Platz gefunden. Man hat erkannt, dass das Leben weitergeht und dass man seiner Verantwortung dem eigenen Leben gegenüber genügen muss. Nun kommt die Zeit, in der wir zaghaft neue Pläne schmieden. Die Trauer hat Spuren hinterlassen. Die Einstellung zum Leben hat sich meist grundlegend geändert. Der Tote bleibt ein Teil unseres Lebens und verweilt lebendig in unseren Erinnerungen und im Gedenken.

Die Stufen der Trauer nach Verena Kast sind nur als Modell zu verstehen. Es gibt natürlich keine scharfe Trennung zwischen den Phasen, sondern fließende Übergänge, und die Fortschritte sind nicht kontinuierlich, sondern treten eher im Pilgerschritt ein: zwei vor, einen zurück… Auch die Trauer hat jedenfalls Regeln und Rhythmen, die Sie verstehen sollten, um die Krise besser durchzustehen. Sicher haben Sie sich in einer Beschreibung mehr und in einer anderen weniger stark wiedergefunden. Sie haben Ihre persönliche Art und Weise, mit den Problemen umzugehen, die Ihnen das Leben stellt.

Licht am Ende des Tunnels

Nur Sie allein wissen, wie es in Ihrem Inneren aussieht und was Sie tatsächlich empfinden. Aber die Gliederung der Trauer in die vier Phasen kann Ihnen auch vermitteln, dass Sie eines Tages wieder zur Ruhe kommen werden.

DAS FESTHALTEN UND DAS LOSLASSEN

Der Tod ist ein endgültiger Abschied. Darin liegt seine Tragik, und das ist der Grund für den Schmerz, den er auslöst. Sie nehmen im Regelfall in doppelter Hinsicht Abschied: zum einen öffentlich bei der Trauerfeier und Beisetzung und zum anderen persönlich – in Ihrem Herzen und Ihrem Verstand. Dieser intime Abschied lässt sich nicht wie die Trauerfeier an einem Datum festmachen, sondern vollzieht sich über einen längeren Zeitraum. Der gesamte Trauerprozess ist ein Abschied von dem, was Sie bisher kannten. Der Andere ist nun nicht mehr sichtbar um Sie herum. Das heißt jedoch nicht, dass er Ihnen nicht mehr nahe oder wichtig wäre.

Zu Beginn der Trauer wird Ihnen das Loslassen nahezu unmöglich sein. Zu sehr spüren Sie noch die Nähe des anderen. Irgendwie hoffen Sie, dass alles vielleicht doch nur ein böser Traum ist. Es ist kaum vorstellbar, dass der Verstorbene nicht zurückkommen wird. Diese Verlassenheit und Trostlosigkeit durchzustehen wird Sie viel Kraft kosten. Stellen Sie sich darauf ein und verzagen Sie nicht.

Festhalten ist menschlich

»Lass einfach los«, sagt der Weise. Doch das ist schwer. Denn gerade das Festhalten, unsere Bindungen, geben dem Leben Inhalt, Struktur und Sinn. Mit einem Menschen eng verbunden zu sein bereichert und macht glücklich. Die Liebe, die treue Verbindung, der gemeinsame Alltag – all das gibt Motivation, Halt und Geborgenheit. Festhalten bedeutet Beständigkeit und Verlässlichkeit. Daraus entwickeln sich das Urvertrauen und ein Koordinatensystem, in dem wir uns sicher bewegen können. In Partnerschaft und Familie bedeutet Festhalten das Versprechen, in guten und in schweren Zeiten zusammenzuhalten und füreinander da zu sein.

Das alles wird durch den Tod aufgehoben. Sie fühlen sich beraubt, unglücklich und einsam. Sie sind nicht mehr vollständig. Die Welt, in der Sie gelebt haben, ist zerstört. Es ist über Sie gekommen wie eine Naturkatastrophe, und nun müssen Sie mit den Folgen zurechtkommen. Chaos und Verwirrung sind groß. Der Tod erschüttert Ihren inneren Halt und Ihr Vertrauen in die Welt und das Leben. Ihnen wird klar, wie zerbrechlich alles ist.

Je größer die Liebe, desto größer der Verlust

Manche Hinterbliebenen blicken auf eine lange, innige und herzliche Gemeinschaft zurück, in der beide zusammengewachsen sind. Sie teilten die gleichen Vorlieben und Neigungen. Beide lebten in allen Bereichen gemeinsam und fühlten sich wohl miteinander. Alles richtete sich auf den Partner aus und orientierte sich an ihm. Ein Leben ohne den anderen war für beide kaum vorstellbar.

Die andere Hälfte fehlt

Stirbt einer aus einem solchen Paar, so ist es für den anderen, als würde er die Hälfte seines Selbst verlieren. Er fühlt sich nicht mehr als vollständiges Wesen. Normale Bewegungen sind nicht mehr möglich, alles tut weh, alles ist eingeschränkt, und nichts scheint noch einen Sinn zu haben. Mit dem Verstorbenen ist auch die eigene Lebensfreude begraben worden. Wer nach einer so engen Bindung zurückbleibt, fühlt sich besonders allein und verlassen. Es fehlt plötzlich etwas sehr Wichtiges, ohne das zu leben unmöglich erscheint. Ergeht es Ihnen so, liegt es in besonderem Maß in Ihrer Verantwortung, ob und wie weit der Heilungsprozess voranschreitet. Denn Sie entscheiden, wie Sie weiterleben wollen. Nur Sie können es zulassen, dass der Schmerz abklingt und die Wunde sich langsam, sehr langsam zwar, aber doch nach und nach schließt.

Hier braucht es ganz besonders viel Ausdauer und Übung, um den Verlust auszugleichen und zu einem zufriedenstellenden Leben zurückzufinden. Es hilft nicht, immer nur dem Vergangenen nachzutrauern; es müssen Lösungen gefunden werden, trotz der Einschränkungen und Schmerzen den Alltag zu organisieren und sich Nischen der Freude zu erobern.

Umlernen und weiterleben

Nach dem Verlust des geliebten Lebenspartners kann bei manchen Hinterbliebenen eine dauernde Einschränkung eintreten – etwa wie bei einem Menschen, der erblindet ist oder Gliedmaßen verloren hat. Aber wir Menschen können unglaubliche Ressourcen mobilisieren und sind in der Lage, mit einem Handikap zu leben und es im Laufe der Zeit immer besser auszugleichen. Ein Mensch kann lernen, mit einer Prothese zu gehen. Ein Erblindeter kann mit anderen Sinnen quasi »sehen« lernen. Die Einschränkung ist nicht leicht auszuhalten, und der Weg dahin ist oft zum Verzweifeln hart. Aber er ist gangbar.

»Ich bin nur in das Zimmer nebenan gegangen. Ich bin ich, ihr seid ihr. Das, was ich für dich war, bin ich immer noch. Gib mir den Namen, den du mir immer gegeben hast. Gebrauche nicht eine andere Lebensweise. Sei nicht feierlich oder traurig. Lache weiterhin über das, worüber wir gemeinsam gelacht haben. Ich bin nicht weit weg. Ich bin nur auf der anderen Seite des Weges.« (CHARLES PÉGUY)

ANREGUNG: **IN SICH GEHEN**

Diese Übung soll Ihnen dabei helfen, den innerlichen Abstand zu finden, den Sie jetzt so dringend brauchen. Setzen oder legen Sie sich bequem hin und richten Sie Ihre gesamte Aufmerksamkeit auf Ihr Inneres. Wandern Sie im Geist durch Ihren Körper und Ihre Seele. Versuchen Sie genau den Punkt aufzuspüren, an dem das Gefühl des Verlustes sitzt. Denken Sie an den Verlust, den der Tod Ihnen zugefügt hat. Welche Gefühle steigen in Ihnen auf? Angst? Mitleid? Selbstmitleid? Schmerz? Wut? Erleichterung? Welches ist das vorherrschende Gefühl? Was bewegt Sie im Zusammenhang mit diesem Verlust am meisten? Lassen Sie sich Zeit, um sich darüber klar zu werden. Spüren Sie diesem Gefühl nach und stellen Sie sich folgende Fragen:

- Will ich das Gefühl zulassen und, wenn ja, für wie lange?
- Könnte ich das Gefühl loslassen? Wenn ja, wann?

Wiederholen Sie die Übung gelegentlich und beantworten Sie sich jedes Mal die gestellten Fragen. Tun Sie das so lange, bis Sie auf die Frage nach dem »Wann?« mit »Jetzt!« antworten können.

Den Abschied zulassen

Suchen Sie Ihren Weg, Abschied zu nehmen von dem geliebten Menschen und von Ihrem bisherigen Leben. Nehmen Sie Abschied, indem Sie den Verstorbenen einerseits loslassen und freigeben, andererseits aber die Gemeinschaft mit ihm auf einer geistigen Ebene festhalten und symbolisch fortführen. Trösten Sie sich mit dem Gedanken, dass der Tote zwar aus der Welt gegangen ist, aber nicht aus Ihrem Leben. In Ihrem Herzen und in Ihrem Geist kann er Ihnen nahebleiben und Sie auf Ihrem weiteren Weg begleiten. In welchem Maße, das liegt bei Ihnen. Sie allein bestimmen, wie viel Nähe und »Gegenwart« Sie zulassen wollen.

Geheimnisvolle Nähe

Nicht selten sprechen Hinterbliebene mit ihren Verstorbenen, als gingen diese neben ihnen her. Oft ist es auch das Grab, an das es die Trauernden zieht. Die sterblichen Überreste scheinen einen Ort zu markieren, an dem die Nähe stark zu spüren ist. Doch auch im Alltag gibt es Momente, in denen der Verstorbene unmittelbar gegenwärtig erscheint. Es wird von Phänomenen berichtet, für die es keine vernünftige Erklärung gibt – etwa von bestimmten Geräuschen und Gerüchen, einem Hauch oder etwas anderem, das in Zusammenhang zum Verstorbenen zu stehen scheint. Machen Sie sich also keine Sorgen, wenn Sie solche Erfahrungen machen.

Jeder ist sterblich

Ist ein Mensch schwerkrank und gibt es kaum noch Hoffnung auf Genesung, wird er bemitleidet oder schlimmstenfalls von manchen Mitmenschen gemieden. Sein bevorstehender Tod wirkt auf das Umfeld beunruhigend und bedrohlich. Dabei wird oft verdrängt, dass jeder ein »Betroffener« ist, denn jeder Mensch ist zum Tode verurteilt. Ob sich der Tod ankündigt oder nicht, ist unerheblich. Jeden kann es jederzeit treffen. Niemand weiß, wie viel Zeit ihm noch bleibt und wann die Stunde seines Todes kommt. Deswegen sollte der Tod – so schwer es fällt – als etwas Natürliches verstanden werden, als die Vollendung des irdischen Lebens.

»Wenn ihr wirklich den Geist des Todes schauen wollt, öffnet eure Herzen weit dem Körper des Lebens. Denn Leben und Tod sind eins, so wie der Fluss und das Meer eins sind.« (KHALIL GIBRAN)

Dem Diesseits verhaftet

Die vorherrschenden Gefühle in Bezug auf den Tod sind verständlicherweise Ablehnung und Angst. Warum ist das so? Weil niemand weiß, was auf ihn zukommt und ob überhaupt noch etwas kommt. Jeder hängt an diesem Leben, in das er so viel Mühe und Arbeit steckt. Alles was Menschen empfinden und erleben, ist auf diese Welt bezogen. Was außerhalb der menschlichen Wahrnehmung existieren könnte, lässt sich nicht beweisen. So richtet sich jeder im Diesseits ein. Er strebt danach, seine Wünsche zu erfüllen und seine Träume zu verwirklichen. Das macht einen guten Teil des Daseins aus, und das ist gut so. Der Tod aber wischt das alles vom Tisch. Er bereitet allem Wollen und Träumen ein jähes Ende.

Nur nicht an den Tod denken

Das Sterben ist den Bestrebungen des Menschen absolut entgegengerichtet. Deshalb ist es so schwer zu akzeptieren. In uns scheint sogar eine Idee von Unsterblichkeit zu existieren, sonst würden wir anders mit dem Tod umgehen. Der Selbsterhaltungstrieb kommt offenbar gar nicht aus ohne den Anspruch und die Fiktion der Unsterblichkeit. Das genau genommen berechtigte Gefühl pausenloser Todesnähe würde sich einfach nicht mit dem Leben vertragen und uns lähmen. Das permanente Verdrängen der Endlichkeit ist also psychologisch gesehen unbedingt gesund. Nur ist es nicht immer aufrechtzuerhalten.

Was beim Sterben geschieht

Das Sterben selbst wird seit langem wissenschaftlich beobachtet und beschrieben. Wie fühlt sich der Moment des Sterbens an? Naturwissenschaftler unterschiedlicher Disziplinen haben herausgefunden, dass der Körper während des Sterbens in erhöh-

tem Maße Endorphine ausschüttet, drogenartige Botenstoffe, die sowohl schmerzlindernd als auch euphorisierend wirken. Deshalb wird davon ausgegangen, dass der Moment des Sterbens subjektiv mit vorwiegend positiven Gefühlen einhergeht. Das wird auch aus den so genannten Nahtoderfahrungen geschlossen.

Grenzerfahrung Nahtod

Der Eintritt des Todes ist keine messerscharfe Zäsur, sondern ein Übergang. Zwischen Herzstillstand und Hirntod liegen mehrere Minuten. In dieser Zeitspanne ist es manchmal möglich, jemanden ins Leben zurückzuholen.

Aus dieser Phase stammen die »Nahtoderfahrungen«, von denen Menschen berichten, die bereits klinisch tot waren, aber ins Leben zurückkehren konnten. Diese subjektiven Erfahrungen aus unmittelbarer Todesnähe sind in der Wissenschaft umstritten, für Trauernde jedoch tröstlich.

Menschen mit Nahtoderfahrungen beschreiben ihre Eindrücke sehr präzise und erstaunlich übereinstimmend. So scheint das Jenseits tatsächlich ein Ort zu sein, an dem man sich aufhalten kann und an dem es schön ist.

Nachprüfbar sind diese Erlebnisse natürlich nicht, aber sie prägen Betroffene für den Rest ihres Lebens. Manche fühlen sich von der Angst vor Sterben und Tod befreit.

Alles hat seine Zeit

Das Leben setzt sich einerseits aus Dingen zusammen, auf die der Mensch Einfluss nehmen kann, und andererseits aus Vorgängen, die für uns »höhere Gewalt« darstellen. Nur das Schicksal weiß, wann ein solches Ereignis eintritt. Es kann ein kleiner, scheinbarer Zufall sein oder auch ein Schicksalsschlag wie der Tod. Immer wieder wird Ihr Lebensplan durch Unvorhersehbares in eine andere Richtung gelenkt. Es ist eine große Herausforderung, mit diesen Brüchen umzugehen und das Leben so zu nehmen, wie es ist.

Die Zeit dazwischen: das Leben

Unser Leben gestaltet sich und gestalten wir zwischen zwei zeitlichen Fixpunkten – der Geburt und dem Tod. Beides widerfährt uns ungefragt. Das Los des Lebens fällt uns zu. Wie lang sich die Zeitspanne zwischen diesen Punkten erstrecken wird, wissen wir nicht. Aber wir können sie in einem großen Maße aktiv und nach unseren Bedürfnissen formen. Geburt und Tod sind nur die Endpunkte, dazwischen befindet sich keine gerade Linie.

Alle erdenklichen Ereignisse und Umstände geben dem Lebenslauf jedes einzelnen Menschen immer wieder neue und unerwartete Wendungen. In ihrer Kombination sind sie unverwechselbar und wiederholen sich niemals. Sie machen das einzigartige Schicksal jedes Individuums aus.

Das beginnt bereits im Elternhaus. Es sind vor allem unsere Eltern, die den ersten Teil unseres Lebens prägen und ihm eine bestimmte Richtung geben. Sie stellen die Weichen, indem sie uns beispielsweise ermutigen, ein Instrument spielen zu lernen oder Sport zu treiben. Später sind es dann auch Lehrer, Freunde und äußere Umstände aller Art, die Sie in Ihren Entscheidungen beeinflussen, Ihr Leben bremsen oder vorwärtstreiben.

Augenblicke und Wendepunkte

Vom einen Augenblick auf den nächsten verändert der Tod eines geliebten Menschen unser Leben für immer. Nie wieder wird es sein, wie es vorher war. Das spüren wir sofort, auch wenn wir es anfangs nicht wahrhaben wollen.

Es hat in Ihrem Leben einen anderen besonderen Augenblick gegeben: Irgendwann sind Sie dem Verstorbenen zum ersten Mal begegnet. Daraus ist eine Beziehung entstanden, die Ihr Leben geprägt hat. Diese Begegnung hat Sie bereichert. Viele besondere Momente sind daraus entstanden, schöne und auch schwierige. Der Verstorbene hat Ihrem Leben seinen Stempel aufgedrückt. Und nun ist der Augenblick gekommen, in dem der andere Ihr Leben wieder verlassen hat. Auch dies wird Ihr Leben in eine bestimmte Bahn lenken und ihm eine besondere Prägung geben.

DAS LEBEN BEWÄLTIGEN – UND DEN TOD

Sie unterliegen ständig den verschiedensten Einflüssen und müssen sich dem Leben stellen. Wie gut Sie mit diesen Anforderungen und Schicksalsschlägen umzugehen lernen, bestimmt Ihre Lebensfreude und Lebensqualität. Sie benötigen dafür ein gewisses Maß an Resilienz. Dieser Begriff steht für die Fähigkeit, Krisen zu meistern. Diese psychische Widerstandsfähigkeit ist bei jedem Menschen unterschiedlich stark ausgeprägt, kann jedoch trainiert werden. Um Ihre Resilienz zu stärken, muss neben der psychischen und körperlichen Gesundheit auch die so genannte soziale Kompetenz trainiert werden, Ihre Fähigkeit, sich auf andere Menschen einzulassen. Dazu werden Sie in diesem Buch immer wieder Anregungen finden. Alles hier Beschriebene läuft darauf hinaus, Ihre Resilienz zu verbessern, damit Sie Ihr Leid besser bewältigen.

Obwohl jedes Leben vielerlei Brüche aufweist, ist in Trauergesprächen oft festzustellen, dass ein vollendetes Leben im Gesamtbild eine schlüssige Struktur und eine gewisse Harmonie zeigt. Wie bei einem Textilbild, auf dessen Rückseite alles durcheinanderläuft, dessen Vorderseite jedoch eine klare Szenerie aufweist, so zeichnen sich in der Gesamtschau die Lebenswege ab. Das Bild des Lebens vollendet sich im Augenblick des Todes, auch wenn wir noch nicht gleich in der Lage sind, es als Ganzes zu betrachten.

In der Rückschau Trost finden

Jedes Leben hat seine eigene Dynamik und schwingt auf und ab. Aber am Ende wird es irgendwie gut sein und seinen Sinn haben. Das Leben scheint einer inneren Logik zu folgen, die sich unserem Verstand entzieht. Vielleicht können Sie sich im Rückblick auf die Geschichte des Verstorbenen ein wenig mit Ihrem und auch seinem Schicksal versöhnen – indem Sie einige Eckpunkte erkennen, die Ihnen einen Eindruck davon vermitteln, in welcher ganz subjektiven Weise dieses durchlebte Leben gelungen und erfüllt war.

> *»Niemand weiß, was der Tod ist, ob er nicht für den Menschen das größte ist unter allen Gütern. Sie fürchten ihn aber, als wüssten sie gewiss, dass er das größte Übel ist.«* (PLATON)

Sternenkinder

Anders verhält es sich bei einem totgeborenen oder verstorbenen Kind. Hier kann niemand von einem »erfüllten« Leben sprechen. Auf jüdischen Friedhöfen stehen auf Gräbern von Kindern und Jugendlichen deshalb statt Grabsteinen abgebrochene Säulen. Das ist ein Bild dafür, dass hier ein Leben nicht zu Ende gelebt werden konnte. Es ist ein Schicksal, das um vieles schwerer zu ertragen ist. Denn es ist wider die Natur, wenn Eltern ihre Kinder begraben.

Aber auch wir Mütter und Väter, die wir eigene Kinder verloren haben, müssen irgendwie weiterleben. Meine Kinder, die ungeboren verstorben sind, begleiten mich immer und überall in meinen Gedanken. Ich finde den Begriff »Sternenkinder« schön und stelle mir manchmal vor, meine Kinder schauen auf mich herab. Der Gedanke, mit meinen Sternenkindern verbunden zu sein, gibt mir Kraft, meinen Alltag trotzdem zu bewältigen, für meine lebendigen Kinder da zu sein und nicht in Traurigkeit zu verharren.

Achtsam leben

Achtsamkeit kann Ihnen das Gefühl schenken, intensiv zu leben. Sind wir achtlos, rauscht vieles nur so an uns vorüber und bleibt unbeachtet. Achtsamkeit bedeutet, sich auf jeden Augenblick zu konzentrieren und ihn mit allen Sinnen wahrzunehmen. Jede Minute und jede Sekunde ist unwiederbringlich und gleich wertvoll. Jede verdient es, bewusst gelebt zu werden.

Vielleicht gehören auch Sie zu denen, die ihre Aufmerksamkeit nicht vollkommen auf das richten, was sie gerade tun, sondern gedanklich immer schon beim Nächsten oder Übernächsten sind. So versucht mancher auch über seine Trauer hinwegzukommen und bewegt sich gedanklich bereits in der Zukunft. Aber diesen schweren Stunden sollten Sie sich ganz widmen. Der Verstorbene ist es wert, dass Sie ihm Ihre ungeteilte Aufmerksamkeit schenken.

Vom Todesfall sensibilisiert

Sie werden unter Umständen bemerken, dass Ihre Sinne plötzlich besonders geschärft sind und dass Sie während der Trauer über eine intensivierte Wahrnehmung und Empfindsamkeit verfügen. Stärker als gewöhnlich spüren Sie die Stimmung jedes Moments. Bewahren Sie sich diese wertvolle Sensibilität.

Emotionale Offenheit kann Ihnen auf ihrem weiteren Weg sehr helfen, nämlich auf dem Weg der Achtsamkeit, die bedeutet:

- Konzentration und erhöhte Aufmerksamkeit,
- Fokussieren auf die Gegenwart,
- schärfere Wahrnehmung und
- Offenheit für unterschiedlichste Eindrücke.

Achtsamkeit lernen

Alle diese Aspekte der Achtsamkeit können Sie aktiv trainieren. Achtsamkeitsübungen können Schwermut und Seelenschmerz lindern und für einige Zeit die Trauer in den Hintergrund rücken. Sie finden so ein wenig Ruhe und sammeln Kraft.

Außerdem stärken Sie damit auf Dauer Ihre Resilienz (siehe dazu Seite 29), denn Sie lernen von seelischen Nöten Abstand zu nehmen, um nicht haltlos im Schmerz zu versinken. Achtsamkeitsübungen sollen Inseln des Trostes sein, die Sie hin und wieder aufsuchen können, um neuen Atem zu schöpfen.

Die Sinne öffnen

Lernen Sie mehr Achtsamkeit, indem Sie sich und Ihre Umwelt beobachten. Öffnen Sie Ihre Augen, Ihre Ohren und auch Ihr Herz für die scheinbaren Kleinigkeiten und Nebensachen. Trainieren Sie Ihre Beobachtungsgabe und schärfen Sie Ihre Sinne. Sie werden in kürzester Zeit merken, wie Ihr Leben an Intensität gewinnt und dass sich wieder positivere Gefühle einstellen. Legen Sie also Ihre vollkommene Konzentration immer in das, was Sie gerade tun.

»Wer jeden Abend sagen kann, ›ich habe gelebt‹, dem bringt jeder Morgen einen neuen Gewinn.« (SENECA)

ANREGUNG: **DREI ÜBUNGEN FÜR DIE ACHTSAMKEIT**

1. Entspannung

Aktive Entspannung steigert sowohl Ihr körperliches als auch Ihr geistiges Wohlbefinden. Die Methode der Progressiven Muskelentspannung nach Edmund Jacobson ist leicht erlernbar und wirkt sofort. Das Prinzip ist sehr einfach: Sie spannen einzelne Muskelgruppen bewusst an, halten diese Spannung fest und lassen dann locker. Durch diesen Wechsel von Anspannung und Entspannung nehmen Sie Ihren Körper bewusster wahr, lockern Ihre Muskulatur und lösen Verspannungen. Diese Entspannungstechnik können Sie prinzipiell überall und in jeder Körperhaltung durchführen. Im Liegen vor dem Einschlafen, im Sitzen am Computer oder auf Reisen, in einer Pause und immer dann, wenn Sie sich unwohl und verspannt fühlen.

- Beginnen Sie beispielsweise mit Ihren Händen. Ballen Sie diese fest zu Fäusten, zählen Sie bis drei und lassen sie dann wieder locker. Wenden Sie diese Technik auf alle Körperregionen an.
- Drücken Sie im Liegen zum Anspannen der Muskeln Kopf, Rumpf und Gliedmaßen fest auf die Unterlage, halten Sie diese Spannung und lassen Sie dann wieder locker. Zum Entspannen des Gesichts runzeln Sie Ihre Stirn, kneifen die Augen zusammen und bewegen den Mund.

Sie sollten täglich eine viertel bis halbe Stunde auf diese Weise Ihre Muskeln anspannen und entspannen. Konzentrieren Sie sich dabei jeweils auf eine bestimmte Körperregion.

2. Bekanntes neu betrachten

Das können diese Übung mit jedem Gegenstand und in jeder Umgebung ausführen. Stellen Sie sich dazu vor, dass Sie den jeweiligen Gegenstand, den Raum oder die Landschaft zum ersten Mal sehen. Betrachten Sie unbefangen alle Details. Wie ist die Form? Wie sind die Farben? Was gefällt Ihnen daran? Was finden Sie interessant? Was fällt Ihnen besonders auf? Nehmen Sie sich täglich eine Sache vor, die Sie unvoreingenommen intensiv betrachten. Konzentrieren Sie sich in dieser Zeit auf nichts anderes.

3. Bewusst atmen

Die Atmung geschieht normalerweise unbewusst. Ihr Rhythmus ist nicht immer gleichmäßig. Der Atem kann stocken, kann flach und schnell sein oder tief und ruhig. Es kann einem auch »die Luft wegbleiben«. Atemlosigkeit beschreibt einen negativen Zustand. »Aufatmen« und »Durchatmen« tun dagegen gut. Atmen bedeutet Leben. Richtiges Atmen wird Sie beruhigen und Ihren Körper mit mehr Sauerstoff versorgen. Es gibt verschiedenste Atemübungen. Hier nur ein Beispiel: Stellen Sie sich aufrecht an ein geöffnetes Fenster. Atmen Sie in drei Stößen durch den Mund aus, so lange es geht. Halten Sie nun die Luft an. Zählen Sie dazu innerlich bis drei. Dann lassen Sie die Luft ruhig und gleichmäßig wieder einströmen. Konzentrieren Sie sich dabei voll und ganz auf Ihren Atem. Wiederholen Sie diese Übung jeden Morgen drei Mal.

ÜBEN SIE SICH IN GEDULD

Die Trauer zu ertragen verlangt eine bewusste Haltung der Demut und des Duldens. Sie können den Seelenschmerz nicht abschalten. Er steckt in Ihnen, und so können Sie ihm nicht ausweichen. Sie müssen sich in Ihr Schicksal fügen und den Schmerz akzeptieren. Sie können nur tapfer und geduldig Stunde für Stunde einen Tag nach dem anderen leben – so lange, bis sich ganz sachte eine Linderung einstellt. Ihre Kraft wird immer nur für einen kleinen Schritt reichen. Sie werden dafür viel Demut brauchen. Doch wenn Sie Ihren Weg unbeirrt weitergehen, kommen Sie eines Tages am Ende Ihres Trauerwegs an.

»Gegen Schmerzen der Seele gibt es nur zwei Heilmittel: Hoffnung und Geduld.« (PYTHAGORAS)

Trauer und Schmerz aushalten

Schwere Zeiten zu überleben bedeutet auszuhalten, eine Last zu tragen und dadurch stärker zu werden. Das mag Ihnen unmittelbar nach dem Todesfall ganz unmöglich erscheinen. Erst im Rückblick werden Sie später erkennen, dass Sie doch die Kraft dazu aufgebracht haben. Durch Ihr eigenes Zutun und dank der Hilfe von Freunden und Verwandten werden Sie es schaffen.

Mit Kontrasten und Widersprüchen leben

Ihr Leben bestand bisher bestimmt nicht nur aus Leid und Krisen, sondern auch aus Zeiten, in denen es Ihnen gutging. Diese Zeiten sind vielleicht fast unbemerkt vorübergezogen. Vielleicht haben Sie sie für selbstverständlich genommen und erkennen erst jetzt, wie schön sie waren. Erst vor dem Hintergrund der Trauer leuchten die glücklichen Stunden auf. Und erst vor dem Hintergrund des Todes bekommt das Leben seine Einzigartigkeit und seinen Wert.

Verlieren Sie nicht Ihr Vertrauen in das Leben. Zu diesem gehört Ihr Schmerz ebenso wie Ihre Freude. Auch wenn der Tote vieles von Ihrem Glück mit ins Grab genommen hat, so bleibt doch etwas hier bei Ihnen. Das gilt es festzuhalten und zu bewahren. Geben Sie der Trauer und dem Schmerz also den nötigen Raum. Gehen Sie mit Würde durch die schweren Stunden Ihres Lebens. Gestatten Sie sich Melancholie und Traurigkeit. Suchen Sie währenddessen aber auch nach Ihrem persönlichen Trost.

Trost suchen

Sie dürfen sich immer aus der Trauerkrise »ausklinken«, wenn es Ihnen gelingt. Trauer und Trost gehören zusammen. Aber Sie können und sollen die Trauer nicht irgendwie wegschieben. Gestatten Sie sich zu weinen, zu wehklagen, zu jammern und zu schreien. Schreien Sie Ihren Schmerz heraus. Und dann suchen Sie wieder Trost und Ruhe. Salben Sie Ihr schmerzendes Herz und Ihre verwundete Seele. Das Schöne und das Gute haben nicht aufgehört zu existieren, auch wenn es sich momentan für Sie so anfühlt.

Sich selbst trösten

Gönnen Sie sich Gutes und Schönes, um wenigstens für einige Momente Ablenkung und innere Ruhe zu finden. Horchen Sie in sich hinein und fragen Sie sich, was Ihnen jetzt guttun könnte. Vielleicht möchten Sie sich für eine Weile von allem zurückziehen. Oder suchen Sie lieber die Nähe von Freunden? Vielleicht schließen Sie die Augen und geben sich ganz einer Musik hin, die Sie lieben, oder Sie gehen hinaus und lassen bei Wind und Wetter die Natur auf sich wirken. Suchen Sie Ihren persönlichen Weg und wagen Sie immer wieder aus dem Feld der Trauer herauszugehen, um sich wieder dem Leben zuzuwenden. Sie haben ein Recht auf Trost. Suchen Sie nach den Dingen, die Sie trösten können.

Dem Zeitgeist trotzen

Die »Instant-Gesellschaft« will alles sofort. Sei es Materielles wie Autos, Häuser und Konsumgüter, sei es Immaterielles wie Liebe, Freude und Glück. Zu warten ist schwer und liegt nicht im Trend. Alles soll schnell gehen, nichts darf man verpassen und auf nichts verzichten. Das Leben soll rund laufen, ohne Ecken und Kanten.

Aber echte Lebensqualität wird auf diese Weise nicht gewonnen. Nur Geduld, Gelassenheit und Ruhe machen Sie zu einem glücklichen und reifen Menschen. Diese Eigenschaften sind mehr wert als Gold und können mit keinem Geld der Welt erworben werden. Das Wort Geduld klingt heute nahezu altertümlich. Geduld bedeutet, auf etwas warten zu können, ohne davon verrückt zu werden.

Geduldig ist jemand, der zumindest vorübergehend bereit ist, mit ungestillten Sehnsüchten und unerfüllten Wünschen zu leben und Verzicht zu üben. Geduldig zu sein bedeutet auch, Schwierigkeiten und Leiden gelassen und standhaft zu ertragen.

Wie lange Ihre Trauer dauert, werden Sie erst im Rückblick erfahren. Es kann sehr viel Zeit darüber ins Land gehen. Manchen ist es fast unmöglich, die Vergangenheit loszulassen. Noch nach Jahren finden sie nicht in ein normales Leben zurück. Sie werden dann ungeduldig mit sich selbst und glauben, es fehlte ihnen an Stärke und Willenskraft. Aber eine sehr lange Trauerzeit kann auch ein Indiz dafür sein, wie eng Ihr Leben mit dem des Verstorbenen verwoben war. Das ist eigentlich etwas sehr Schönes. So eine Liebe zu erleben ist besonders und einzigartig. Und wenn sie vorbei ist, fällt es umso schwerer, zur Tagesordnung überzugehen.

Die Kraft steckt in Ihnen

Warten Sie ab und denken Sie in größeren Zeiträumen. Geduld ist während der Trauer unverzichtbar. Die Dinge brauchen Zeit, um zu reifen. Auch der Trost muss sich entwickeln, Ihr Schmerz sich wandeln. Im Grund Ihrer Seele tragen Sie die Keimzelle, aus der dies alles erwachsen wird. Auch hierin können Sie von der Natur lernen, besonders indem Sie die Prozesse des Wachsens und Reifens betrachten: Am Anfang jeder Pflanze, und sei sie später noch so groß, steht ein kleines Samenkorn. Alles ist in ihm angelegt. Aber der kleine Samen braucht Zeit, um zu keimen, und der Keim braucht Zeit, um zu wachsen. Um aus Brachland einen blühenden Garten zu machen, werden mehrere Jahre benötigt.

»Wer sich entschließen kann, besiegt den Schmerz.«

(JOHANN WOLFGANG VON GOETHE)

TRAUER MUSS VERARBEITET WERDEN

Gäbe es eine Medizin, die uns den Trauerprozess ersparen könnte, wäre sie ein Renner in jeder Apotheke. Die Belastungen, die mit einem Sterbefall verbunden sind, scheinen Lebensqualität und Glück so sehr zu zerstören, dass Hinterbliebene manchmal nicht mehr wissen, wie sie weiterleben sollen. Diese Situation widerspricht in allem der Vorstellung, die wir von einem gelungenen und glücklichen Leben haben. Trauer, Schmerz und Leid möchten wir überwinden, so schnell es irgend geht.

Zunächst einmal ist es wichtig, sich auf rationaler Ebene vor Augen zu halten, dass wir diese negativen Empfindungen wirklich und wahrhaftig überwinden können, wenn auch sicher nicht im Handumdrehen. Manchmal müssen wir Schmerzen eine Weile lang aushalten – in der Hoffnung, dass sie vorübergehen werden.

Sehen Sie sich die Gefühle tief in Ihrem Inneren an. Gehen Sie genau zu dem Punkt, an dem es so sehr weh tut, und geben Sie dem Schmerz den nötigen Raum. Wir alle haben die Fähigkeit, geduldig zu sein und Schmerzen auszuhalten. Sie halten mehr aus, als Sie glauben. Körper und Geist haben Reserven, die Sie in der Trauer aktivieren können und müssen.

Fordern Sie sich

Körperlich an ihre Grenzen gehen eigentlich nur Hochleistungssportler. Bei den meisten anderen ist der allgemeine Trainingszustand eher mittelmäßig und ausbaufähig. In jedem Alter und zu jeder Zeit können Sie damit beginnen, Ihren Körper leistungsfähiger zu machen. Auch das geht nicht von heute auf morgen, sondern nur Schritt für Schritt mit viel Geduld und Ausdauer.

Aber mit einem gut trainierten Körper werden Sie sich wesentlich wohler fühlen. Es wird Ihnen in jeder Hinsicht besser gehen, wenn Sie Ihre körperlichen Möglichkeiten erweitern.

Ebenso verhält es sich mit Ihrem Geist. Auch er ist trainierbar wie ein Muskel. Auch ihn können Sie fordern, um mehr Leistungsfähigkeit zu erzielen. Damit steigern Sie die Kraft Ihres Denkens und Ihres Gedächtnisses. Sind Sie körperlich und geistig in einem guten Allgemeinzustand, können Sie eine tiefe Krise wie den Trauerprozess besser überwinden, weil Ihre natürlichen Verarbeitungsmechanismen gut funktionieren und Sie eine starke Widerstandskraft haben. Es ist nie zu spät dafür, denn bis ins hohe Alter sind Psyche und Körper veränderbar und formbar. Bis ins hohe Alter können Sie neue Verhaltensweisen einüben.

Klein anfangen, aber anfangen

Fangen Sie am besten sofort mir dem Training an. Dazu brauchen Sie in keinen Verein einzutreten. Schon kleine Veränderungen im Alltag können Ihnen helfen, sich in Ihrem Körper besser zu fühlen und einen freien und klaren Kopf zu gewinnen. Sie haben eine widerstandsfähige Ausrüstung für Ihren Lebensweg mitbekommen, eine »Maschine«, die bis heute in Ausstattung und Möglichkeiten unerreicht ist. Nehmen Sie diese Potenziale wahr! Gebrauchen Sie Ihre Ressourcen in vollem Umfang! Machen Sie etwas daraus!

Gehen Sie an Ihre Grenzen und erweitern Sie sie. Tun Sie dabei einen kleinen Schritt nach dem anderen, geduldig und beständig. Dann werden Sie auch das tiefste Tal durchschreiten und den höchsten Berg besteigen. All das mag anfangs realitätsfern klingen, aber lebenslanges Lernen hält Sie fit und gesund. Mag sein, dass Sie jetzt andere Sorgen haben. Aber lassen Sie nicht die großen Zusammenhänge außer Acht. Sie überwinden die schweren Stunden Ihres Lebens besser, wenn Sie körperlich und geistig stark sind.

Lernen ist alles – lebenslang

Alles im menschlichen Leben muss erlernt werden. Anfangs das Zusammenleben in der Familie, das Laufen und Sprechen, später Lesen und Schreiben, noch später erlernen wir unseren Beruf und gründen vielleicht selbst eine Familie. Alles Neue erfordert Übung. Wir müssen lernen, was es heißt zu leben, mal froh und glücklich zu sein und mal traurig. Was es heißt zu kämpfen, zu gewinnen und zu verlieren.

Lernen erfordert Zeit, Üben braucht Geduld. Wir müssen alles wiederholen und wiederholen, bis es »sitzt«. Einen Fuß vor den anderen zu setzen, ist immer das Prinzip, das uns voranbringt. Menschen können von Natur aus eben nur gehen und nicht fliegen. Um einmal einen Berg zu bezwingen, muss täglich eine kleine Strecke gewandert werden, und um eine Sprache zu erlernen, muss man regelmäßig Vokabeln pauken.

Gehen Sie kleine Schritte, denn »steter Tropfen höhlt den Stein«. Die Hauptsache dabei ist, dass Sie überhaupt gehen. Gehen Sie also mutig voran, und sei es noch so langsam. Nehmen Sie die Last auf sich, um jemanden zu trauern, Schmerzen zu ertragen und Kummer zu haben – doch immer mit der Aussicht auf Besserung und Veränderung. Gefühle gehören zentral zu unserem Wesen. Sie sind etwas Wunderbares und machen uns zu dem, was wir sind. So lange Sie atmen, leben und etwas fühlen, so lange ist Veränderung möglich. Jeder kann sein Leben gestalten.

Aus der Tiefe neue Erkenntnisse gewinnen

Die Trauer lehrt uns, dass nicht alles einfach ist und dass das Dasein mit Schattenseiten behaftet ist. Trauer lehrt, die Tiefen des menschlichen Lebens zu erfahren, auch schmerzliche Gefühle auszuhalten und sich dem Leben zu stellen, wie es ist. In der Trauer lernen Menschen sehr viel über sich selbst und die Welt.

Ihr Leben – Ihre Verantwortung

Sie haben ein Leben bekommen, aber nur für eine bestimmte Zeit. Zeit ist kostbar. Sie ist angefüllt mit Schönem, aber eben auch mit Schwerem. Es gibt immer Umstände, die Sie nicht ändern können, aber es gibt fast immer einen Spielraum für Entscheidungen. Nehmen Sie Ihr Leben in die Hand. Sie bestimmen, wie Sie leben. Sie entscheiden, ob Sie kämpfen oder aufgeben, ob Sie Ihr Herz öffnen oder verschließen, die Welt bereichern wollen oder nicht.

Gehen Sie in kleinen, aber stetigen Schritten. Immer wieder müssen Sie stehenbleiben, innehalten, ausruhen, nachdenken und neu ordnen. Und dann gehen Sie weiter. Schritt für Schritt, Stück für Stück. Trauer kann verbittern oder aber weise machen. Trauer kann lähmen oder anspornen, Neues zu wagen und das Leben auszukosten, in jedem Augenblick. Das liegt allein in Ihrer Hand.

Was Ihnen am Herzen liegt

Der Urfeind des menschlichen Lebens ist nicht der Tod, sondern die Gleichgültigkeit. Ist einem alles egal, dann ist man eigentlich schon tot, bevor man gestorben ist. Schauen Sie also auf Ihr Leben: Was hat für Sie Wert? Der Verstorbene hat Ihnen etwas bedeutet? Das ist gut! Dann haben Sie ein großes Geschenk bekommen, für das Sie dankbar sein sollten. Der Verstorbene wird immer einen festen Platz in Ihrem Leben behalten, nur ist er nicht mehr hier. Er ist nun an einem anderen Ort. Wo, das werden Sie erst erfahren, wenn Sie einmal selbst diese Schwelle überschreiten.

»... geh in deinen eigenen Grund!
... inwendig im Innersten der Seele: Da ist dein Leben,
und da allein lebst du.« (MEISTER ECKHART)

Rituale als Stütze

Rituale sind Taktgeber im menschlichen Leben. Darüber hinaus bringen sie Menschen in Verbindung mit sich selbst, mit anderen Mitgliedern ihrer Gemeinschaft und mit jener Welt, die außerhalb von Verfügbarkeit und Erkenntnis liegt. Durch Rituale werden – bewusst oder unbewusst – Tage, Wochen, Monate und Jahre strukturiert. Sie verleihen dem Alltag Regelmäßigkeit, können aber auch Zeitpunkte markieren und abgrenzen. All das können Sie sich in Ihrer Trauerverarbeitung zunutze machen.

Nach einem Sterbefall suchen die Leidtragenden in einer ritualisierten Trauerfeier Trost und Halt. Sie erweisen dem Verstorbenen damit die letzte Ehre und geben ihm das letzte Geleit. Die Trauerfeier ist ein öffentliches Ritual, dessen Gestaltung sich aus traditionellen und modernen Elementen zusammensetzen kann. Daneben können Sie Ihre ganz privaten Rituale entwickeln, um dem Gedenken einen Platz in Ihrem Leben einzuräumen.

DER ÄUSSERE UMGANG MIT DER TRAUER

Das Thema Trauer steht im Widerspruch zu dem sehr lustbetonten Lebensstil unserer Gesellschaft. Jeder ist laufend mit seiner Selbstoptimierung beschäftigt, alles hat gefälligst jung und schön auszusehen. Das Tabuthema Tod würde andere belasten. So zieht sich die Trauer allgemein aus der Öffentlichkeit zurück. Abgesehen von Staatsbegräbnissen und den Trauerfeiern von Prominenten findet sie fast nur noch im kleinsten privaten Rahmen statt.

Als sichtbare Symbole spielen immer noch Blumen und Kerzen eine große Rolle. Auch schwarze Kleidung ist noch üblich – jedoch nur bei der Trauerfeier. Früher wurde je nach Verwandtschaftsgrad zum Toten für eine bestimmte Dauer Voll- oder Halbtrauer getragen. Noch bis weit ins 20. Jahrhundert trug eine Witwe ein ganzes Jahr lang in der Öffentlichkeit nur Schwarz. Heute lassen sich Hinterbliebene im Beruf die Trauer kaum noch anmerken. Fast niemand trägt am Arbeitsplatz längere Zeit Trauerkleidung. Ebenso wenig ist Schwarz heute der Trauerkleidung vorbehalten.

Trauer und Alltag im Widerspruch

Den Betroffenen fällt der öffentliche Umgang mit dem Todesfall schwer. So bleiben öffentliche Anteilnahme und Unterstützung meist aus, und viel rascher als früher wird wieder zur Tagesordnung übergegangen. Das führt dazu, dass die Hinterbliebenen mit ihrer Trauer allein bleiben und sich hilflos fühlen. Sie stecken im Zwiespalt zwischen ihren Gefühlen und Gedanken einerseits und ihren Handlungen andererseits. Man funktioniert halt irgendwie, weil man muss. Die Diskrepanz zwischen innen und außen löst zusätzlichen Stress aus. Es fällt schwer, eine adäquate Form für die Trauer zu finden und den nötigen Abstand vom Alltag zu nehmen.

Trauer- und Bestattungsriten

In jeder Kultur und in allen Epochen haben die Menschen ihre besonderen Rituale der Trauer gestaltet. Die Bestattungsriten richteten sich schon immer hauptsächlich nach drei Gesichtspunkten: dem sozialen und materiellen Status, der Kultur und dem Glauben. Dabei war und ist alles Mögliche und Unmögliche denkbar und gebräuchlich. Die Vorstellung, der Mensch bestehe aus einem sterblichen Leib und einer unsterblichen Seele, hat die Bestattungskultur genauso geprägt wie der Glaube an die Auferstehung der Toten. Entsprechend wurde und wird in manchen Kulturen der toten leiblichen Hülle keine weitere Bedeutung beigemessen und in anderen der Leichnam möglichst unversehrt fürs Jenseits erhalten.

AM ANFANG WAR DIE TRAUER

Trauerrituale sind sogar älter als die Menschheit, denn auch manche Tierarten – und zwar nicht nur Primaten – zeigen nach einem Todesfall in der Herde oder Gruppe ein typisches verändertes Verhalten. Unser Bedürfnis nach Trauerriten ist demnach sehr tief in der Evolution verankert.

Traditionen auf dem Rückzug

In Deutschland galt bis in die letzten Jahrzehnte ein Sittenkodex, der heute weithin auf dem Rückzug ist. Seine Wurzeln liegen in der Mitte des 19. Jahrhunderts. Dazu gehörten im Wesentlichen die Aufbahrung des Toten inmitten von Blumen und Kerzen, der schwarze Trauerflor und die öffentliche Prozession zum oder auf dem Friedhof. Auf die katholische Messe oder den evangelischen Gottesdienst folgte die Beerdigung beziehungsweise Einäscherung. Schwarze Trauerkleidung war unabdingbar, bestimmte Trauerzeiten wurden eingehalten. Der Abschied von einem Menschen war ein öffentliches Anliegen, und ein großer Personenkreis nahm daran teil. Auf den Grabsteinen wurden nicht nur der Name und das Geburts- und Sterbedatum eingemeißelt, sondern auch die Berufsbezeichnung, Titel, Ränge oder Lebensleistungen.

Sitten, Gebräuche und technische Abläufe

Die überlieferten Trauerbräuche werden heute – vor allem im städtischen Kulturraum – immer weiter zurückgedrängt. Das heutige Bestattungsritual geht sehr oft kaum noch über eine pragmatische Routine hinaus. Zeitlich knapp bemessene Abläufe bestimmen den Umgang mit dem Tod. Aufwendige Zeremonien sind selten und meist ehemaligen Amtsträgern oder anderen Prominenten vorbehalten. Der Normalbürger wählt immer häufiger – und nicht allein aus Geldgründen – den »einfachen Abtrag«. So heißt im Jargon der Branche die aufs Notwendigste reduzierte Bestattung ohne jegliches Zeremoniell.

Dienstleister für den Trauerfall

Lagen die Bestattung und die damit verbundenen Zeremonien früher in den Händen der Hinterbliebenen und der Kirche, so wird beides heute vorwiegend den Bestattungsunternehmen überlassen. Sie organisieren im Allgemeinen die Erledigungen und technischen Abläufe nach dem Ableben.

Es hat sich eine Entwicklung vollzogen hin zu leistungsstarken und qualifizierten Unternehmen, die nicht allein die logistische Abwicklung und die zeremoniellen Funktionen übernehmen, sondern zunehmend einen Full Service bieten – alles aus einer Hand. Sie beraten und unterstützen die meist völlig überforderten Angehörigen und erläutern die Gestaltungsmöglichkeiten der Bestattung und Beisetzung sowie der Trauerfeier – mit Musik, Pflanzen, Grabreden und anderen Elementen. Wie eh und je spielen dabei nicht nur Bedürfnisse, Geschmack und Traditionen eine Rolle, sondern auch der Status und die beträchtlichen Kosten.

Bestattungs- und Grabformen

Wenn es ein Familiengrab gibt oder der Verstorbene etwas verfügt hat, gibt es schon eine Orientierung. Im besten Fall haben Verstorbene zu Lebzeiten ihre Wünsche geäußert, Paare haben vielleicht eine gemeinsame Vorstellung entwickelt, und in vielen Familien und Gemeinden gibt es bestimmte Traditionen. Ist all das nicht gegeben, fällt die Gestaltung den Hinterbliebenen zu. Diese entscheiden dann,

ob sie einen Ort des Gedenkens brauchen, an den sie gehen können – ein Grab oder einen anderen bestimmten Platz. Viele Fragen spielen eine Rolle: Welche symbolische Bedeutung wird den sterblichen Überresten beigemessen? Und was hätte dem Toten gefallen, seinem Glauben, seinem Stil und seiner Wesensart entsprochen?

Seit Menschengedenken sind Beisetzungen in unterschiedlichen Elementen möglich. Auch wenn sich die konkreten Formen gewandelt haben, wird weiterhin weltweit in den vier klassischen Elementen Feuer, Wasser, Erde und Luft bestattet.

In katholischen Gegenden dominiert traditionell die Körperbeerdigung im Sarg. Am gebräuchlichsten im deutschen Sprachraum ist jedoch heute die Einäscherung im Krematorium, gefolgt von der späteren Urnenbeisetzung. Während in manchen Ländern die Urne auch zu Hause ihren Platz finden darf, gilt in ganz Deutschland die Friedhofspflicht. Die Bestattungsgesetze sind Ländersache, aber jeder Verstorbene muss auf einem Friedhof beigesetzt werden.

Alternative Bestattungsformen

Eine Ausnahme macht der deutsche Gesetzgeber bei der Seebestattung: Man versenkt die Urne mit der Asche außerhalb der Dreimeilenzone im Meer. Das Gefäß löst sich nach einem gewissen Zeitraum auf und gibt den Inhalt ins Meer frei.

IN KRISTALL VERWANDELT

Eine weitere neue Form ist die »Diamantbestattung«. Dafür muss zumindest ein Teil der Totenasche ins Ausland überführt werden. Dort wird aus dem enthaltenen Kohlenstoff bei hohem Druck und großer Hitze ein künstlicher Diamant gezüchtet, der dann geschliffen wird. Er kann wie jeder Edelstein in einem Schmuckstück gefasst werden.

Immer beliebter werden Naturbestattungen, etwa in so genannten Friedwäldern. Dort erfolgt die Beisetzung in freier Natur auf einer dafür ausgewiesenen Wald- oder Wiesenfläche. Auch dabei bleibt die Begräbnisstelle unbestimmt und anonym.

Traditionelle und virtuelle Grabmäler

Die althergebrachten Formen von Gedenken und Trauer sind weithin im Umbruch. Aber beim Wandel der Bestattungssitten gibt es in Deutschland ein deutliches Nord-Süd-Gefälle. Während im Süden weiterhin die individuelle Erdbestattung im Vordergrund steht, werden im Norden und in der Mitte Deutschlands schon seit Längerem auch neue Wege beschritten. Individuelle Grabmäler auf Friedhöfen kommen immer mehr außer Gebrauch. Überall werden auf Friedhöfen anonyme Urnenhaine ausgewiesen. Weite Rasenflächen lassen nur noch erahnen, dass es sich um Begräbnis- und Erinnerungsstätten handelt.

Orte der Trauer

Für die Verarbeitung der Trauer ist es meist wichtig, wie und wo Ihr Angehöriger zur letzten Ruhe gebettet ist. Vielen Trauernden liegt es am Herzen, das Grab oder die Urnennische immer wieder zu besuchen, um stille Zwiesprache zu halten und die Grabstelle zu pflegen. Für sie ist es schmerzlich, wenn ihr Verstorbener keinen konkreten Ruheplatz hat, wenn die Asche in einer Urnengemeinschaft oder »auf der grünen Wiese« anonym beigesetzt worden ist oder niemand mehr weiß, wo genau die Urne sich befindet. Welche Gestaltung auch immer Sie allein oder gemeinsam mit anderen Hinterbliebenen wählen – nach der Ausführung ist es für Änderungen meist zu spät.

Symbolische Gedenkorte

Fehlt Ihnen eine individuelle Grabstelle als Erinnerungsort, bieten sich andere Möglichkeiten. Als Alternativen entstehen heute zunehmend stellvertretende Trauerorte. Kirchen und Friedhöfe richten kollektive Erinnerungsplätze ein, an denen für die Verstorbenen Kerzen brennen und die von den Angehörigen aufgesucht werden, um ihren Toten nahe zu sein.

Neue Formen persönlicher Denkmäler gibt es natürlich auch im Internet. Hier entstehen »virtuelle Friedhöfe«, also Gedenkstätten, an denen Trauernde Lebensdaten, Bilder und Erinnerungen ins Netz stellen und in Foren, Blogs und Chats ihren Schmerz teilen (Links siehe Seite 175). Auch über große Distanzen hinweg kann man so gemeinsam trauern. Auch Sie können im Internet einen virtuellen Gedenkort einrichten. Es gibt dafür zahlreiche »Trauerportale«.

TRADITIONELLE RITUALE DER RELIGIONEN

Auf den folgenden Seiten werden die Sterbe-, Grab- und Trauerrituale der bei uns verbreitetsten Religionen vorgestellt – Rituale, die über Jahrhunderte hinweg praktiziert und entwickelt wurden. Sie vermitteln einen Eindruck davon, wie die Menschen verschiedener Kulturen mit Tod und Trauer umgingen und umgehen, wie sie den Tod sehen und wie sie ihrer Trauerarbeit Gestalt geben. Vielleicht kann Ihnen das auf Ihrem Weg helfen und Ihnen eine Richtung weisen für die Bewältigung Ihrer eigenen Trauer.

Die Religionen haben eigene Trauerzeiten und Totengedenktage. Nach den christlichen Festkalendern begehen die Katholiken den Gedenktag Allerseelen am 2. November, die Protestanten den Toten- oder Ewigkeitssonntag am Sonntag vor dem ersten Advent.

RELIGIÖSE STERBE-, TRAUER- UND BEGRÄBNISRITUALE

Im Christentum

Vor Eintritt des Todes

- Nach Möglichkeit begleitet ein Geistlicher den Sterbenden.
- Beichte und Schuldbekenntnis werden dem Sterbenden abgenommen zur Vergebung der Sünden.
- Die Absolution wird erteilt, damit der Mensch in Reinheit vor Gott tritt.
- Das Abendmahl beziehungsweise die Kommunion erinnert daran, dass Gott den Menschen liebt und annimmt.
- Man nimmt die Krankensalbung (früher »Letzte Ölung« genannt) vor: Mit Öl wird auf Augen, Ohren, Nase und Mund als Zeichen für die Gnade Gottes ein Kreuz gezeichnet.
- Der Sterbende wird gesegnet.
- Man spricht Gebete um Gottes Schutz und Beistand sowohl für den Sterbenden als auch für die Hinterbliebenen.
- Sterbegebete mit Kreuzzeichen oder Rosenkranz
- Kerzen werden angezündet. Ihre Flamme erinnert den Gläubigen an die Auferstehung und das ewige Leben und symbolisiert das Leuchten der Seele im dunklen Totenreich.

Nach Eintritt des Todes

- Man schließt dem Toten Augen und Mund.
- Die Angehörige oder der Bestatter richten den Toten her und bekleiden ihn mit eigener Kleidung oder einem Totenhemd, das meist in Weiß gehalten ist zum Zeichen der Reinheit durch Glauben und Taufe.
- Die Aufbahrung zum Abschiednehmen geschieht zu Hause oder in der Aussegnungshalle.
- Man hält eine Totenwache vom Tod an bis zum Begräbnis.
- Man betet den Rosenkranz oder spricht andere Gebete.
- Man öffnet die Fenster, um symbolisch die Seele freizulassen und eine Verbindung zum Himmel zu schaffen.

- Spiegel werden verdeckt oder umgedreht, um nicht zwei Tote sehen zu müssen und weil diese im Volksglauben als Pforte zum Teufel gelten.
- Die Uhren werden angehalten. Dies soll im Volksglauben den Todeszeitpunkt festhalten oder dem Tod Einhalt gebieten.

Begräbnis

- Trauerzug (Kondukt, Prozession) zum Grab; unterwegs wird der Sarg dreimal abgesetzt zum Zeichen der Schwere des Weges.
- Gebete
- Grabsegnung
- Kreuzzeichen
- Weihwasser
- Weihrauch
- Die Anwesenden werfen drei Mal Erde ins Grab – »im Namen des Vaters, des Sohnes und des Heiligen Geistes«.
- Blumen und Kerzen werden abgelegt als Symbole für die Auferstehung und das ewige Leben.
- Im Anschluss an die Begräbnisfeier richtet man den Leichenschmaus oder das Totenmahl aus, um Leib und Seele zu stärken, einander zu trösten und gemeinsam des Verstorbenen zu gedenken.

Im Judentum

Umgang mit dem Sterbenden

- Der Sterbende wird niemals allein gelassen. So viele Familienmitglieder wie möglich kümmern sich um den Kranken. Kranke und Sterbende zu begleiten und Angehörige zu trösten, ist eine der wichtigsten Pflichten. Der Mensch soll nicht in seinem Leid allein gelassen werden.
- Es wird nicht schlecht über den Sterbenden geredet.
- Es wird nicht gejammert und geschrien.

Vor Eintritt des Todes

- Gebet
- Sündenbekenntnis
- Segnung

Nach Eintritt des Todes

- Klagegebete werden gesprochen.
- Man schließt dem Toten Augen und Mund.
- Man bedeckt den Leichnam mit einem schwarzen Tuch.
- Anwesende zerreißen etwas an ihrer Kleidung zum Zeichen der Trauer.
- Man zündet eine Kerze an.
- Der Leichnam wird auf den Boden gebettet mit den Füßen in Richtung zum Ausgang.
- Zum Zeichen für die Nachbarn wird draußen alles Wasser vergossen, das man im Haus hat.
- Man verhängt Spiegel, damit man nicht zwei Tote sehen muss.
- Eine Totenwache wird gehalten.

Begräbnis

- Das Begräbnis soll möglichst innerhalb von 24 Stunden stattfinden. Höchstens drei Tage dürfen zwischen Tod und Beerdigung vergehen.
- Die Trauergemeinde macht den Leichenzug zum Grab, der sieben Mal unterbrochen wird zum Zeichen der Schwere des Weges.
- Nur Erdbestattung ist statthaft, keine Kremation, denn: »Erde bist du, und zur Erde kehrst du wieder.«
- Jeder Anwesende gibt drei Schaufeln Erde auf den Sarg.
- Männliche Hinterbliebene sprechen, wenn der Sarg ganz mit Erde bedeckt ist, das Kaddischgebet, in dem nicht vom Tod, sondern von der Liebe Gottes gesprochen wird.
- Die Trauergemeinde bildet daraufhin ein Spalier, durch das die Angehörigen gehen, während die Umstehenden ihnen Trostworte zusprechen.
- Man reißt als Symbol der Vergänglichkeit Gras aus und wirft es hinter sich.
- Man wäscht sich die Hände, ehe man den Friedhof verlässt. Dabei spricht man: »Er vernichtet den Tod in Ewigkeit, und der Ewige, Gott, wischt die Träne von jedem Angesichte, und die Schmach Seines Volkes entfernt Er von der ganzen Erde, denn der Ewige hat gesprochen.«
- Daraufhin wird Psalm 91 gebetet.
- Grabbesuche sind nicht die Regel. Wer ein Grab besucht, bringt jedoch keine Blumen mit, sondern legt einen Stein aufs Grab zum Zeichen, dass der Tote nicht vergessen ist.

Im Islam

Vor Eintritt des Todes

- Der Sterbende wird auf seine rechte Seite und mit dem Gesicht in Richtung Mekka gelagert.
- Der Sterbende wird nicht alleingelassen; die Familie versammelt sich um ihn.
- Im Gespräch steht die Dankbarkeit für das Geschenk des Lebens im Mittelpunkt, nicht die Angst vor dem Tod.
- Gebete werden gesprochen, in denen man Allah um Barmherzigkeit und die Vergebung der Sünden des Sterbenden bittet.
- Man spricht das islamische Glaubensbekenntnis.
- Letzte Worte des Sterbenden auf Arabisch: »Es gibt keinen Gott außer Allah, und Mohammed ist sein Prophet!«

Nach Eintritt des Todes

- Gebet für die gnädige Aufnahme des Toten ins Jenseits
- Man schließt dem Toten Augen und Mund.
- Totenklage
- Rituelle Waschungen nach Geschlechtern getrennt: Frauen waschen weibliche Tote und Männer männliche.
- Man hüllt den Leichnam in drei weiße Tücher.
- Die Arme des Toten werden parallel zu seinem Körper gelegt und dieser mit den Füßen in Richtung nach Mekka ausgerichtet.

Begräbnis

- Das Begräbnis erfolgt unverzüglich, möglichst noch am Sterbetag. Dies ist ein Zeichen des Respekts gegenüber dem Verstorbenen.
- Es gibt keine Feuerbestattung.
- Möglichst viele Männer tragen den Toten auf einer Holzbahre zum Grab.
- Es werden Grabbeigaben mitbestattet.
- Die Grablegung erfolgt ohne Sarg, nur in Tüchern.
- Der Verstorbene wird im Grab auf seine rechte Seite mit Blickrichtung nach Mekka gelegt.
- Die Grabstelle wird mit Brettern bedeckt, damit die Erde nicht direkt auf den Leichnam fällt.
- Ein Geistlicher betet um Vergebung für den Toten.

MIT WELTLICHEN RITUALEN DAS LEBEN BERUHIGEN

Das Thema der Rituale reicht weit über die Bestattungssitten hinaus und betrifft auch Ihren Alltag und Ihre Lebensführung – sowohl ganz im Allgemeinen als auch speziell in der Trauerzeit. Denn durch tägliche Rituale oder Gewohnheiten können Sie den Tagesablauf immer wieder unterbrechen und strukturieren. Mit Ritualen können Sie das innere und äußere Durcheinander etwas beruhigen und ordnen. Außerdem helfen sie Ihnen, schwere Tage in überschaubare Abschnitte zu gliedern und so besser zu überstehen.

In Zeiten der Trauer können Gedenkrituale Ihnen helfen, dem Unfassbaren Ausdruck zu verleihen. Für welche äußere Form Sie sich entscheiden, liegt bei Ihnen. Manche Familien pflegen eine Art Altar mit Bildern und Erinnerungsstücken des Verstorbenen, geschmückt mit Blumen und Kerzen. Andere finden Halt, indem Sie gemeinsame Gewohnheiten weiterpflegen. Für wieder andere ist der regelmäßige Besuch der Grabstelle ein wichtiger Ritus. Solche Gewohnheiten bringen eine gewisse Ruhe in den Traueralltag, weil Sie eine Sprache sind, in welcher der Trauernde seine Gefühle und Gedanken darstellen kann. Sie macht Unaussprechliches sichtbar, also anschaulich. So wird das Unfassliche wenigstens begreifbar. Es lässt sich zunächst äußerlich etwas eingrenzen und zunehmend auch innerlich besser beherrschen.

Rituale als Fixpunkte im Lauf der Zeit

Mit dem Tod tritt eine Phase der äußeren Hektik und Betriebsamkeit ein, die zunächst für etwas Ablenkung sorgt. Sind aber alle Erledigungen rund um den Todesfall absolviert, die damit verbundenen bürokratischen Schritte, das Abschiednehmen, die

Trauerfeier und die Beisetzung vorüber, werden Sie langsam zur Ruhe kommen. Erst in der nun eingetretenen Stille wird wirklich deutlich werden, wie sehr der Verstorbene im Alltag fehlt, welchen Verlust Sie tatsächlich erlitten haben.

Hier helfen Ihnen Rituale. Denn sie sind immer mit bestimmten Handlungen und Verhaltensweisen verbunden, die Sicherheit, Ruhe und nicht zuletzt Ablenkung schenken. Und sie sind etwas, das Sie trotz aller Lähmung gestalten und bewältigen können.

ANREGUNG: **DER TAG DER ERINNERUNG**

Richten Sie selbst einen Tag der Erinnerung ein. Das kann der Todes-, Geburts- oder Namenstag Ihres Verstorbenen sein, Ihr Hochzeitstag oder auch ein offizieller Gedenktag wie der Ewigkeitssonntag oder Allerseelen.

- Verbringen Sie diesen Tag in Ruhe und Stille.
- Widmen Sie einen bestimmten Zeitraum dem Gedenken an den oder die Toten.
- Denken Sie über die gemeinsam verbrachte Zeit nach und würdigen Sie das, womit der Verstorbene Ihr Leben bereichert hat.
- Seien Sie dankbar dafür.

Nutzen Sie den Tag auch, um über Ihr eigenes Leben nachzudenken, weil auch Sie der Vergänglichkeit unterliegen.

- Wo stehen Sie in Ihrem Leben?
- Was möchten Sie noch tun?
- Wären Sie bereit, wenn Sie heute sterben müssten?
- Was würden Sie noch tun wollen, wenn Sie erführen, dass Sie nur noch sehr wenig Lebenszeit haben?
- Was ist Ihnen wichtig?

Nehmen Sie sich Ruhe und Zeit, Ihren Gedanken nachzusinnen. Verändern Sie Ihr Leben, wenn Sie merken, dass Sie sich festgefahren haben in Ihren Ansichten und in Ihrer Lebensweise.

Intime Gedenkstätten

Zu den Ritualen gegen Schmerz und Trauer gehört zum Beispiel das Betrachten von Erinnerungsstücken. In der ersten Zeit der Trauer ist es besonders schmerzlich, Fotos, Kleidung und persönliche Gegenstände des Verstorbenen zu sehen. Aber auf die Dauer gibt es ein Gefühl vertrauter Nähe, sie liebevoll aufzubewahren und ab und an in die Hand zu nehmen. Denn auf diese Weise bleibt Ihnen der Tote in einer gewissen Form präsent. Mit dem Toten verbundene Gegenstände können Sie trösten und Ihnen helfen, ihn allmählich loszulassen.

Widmen Sie den wichtigsten Stücken einen besonderen Ehrenplatz in Ihrem Zuhause. Wie zentral dieser Platz ist, entscheiden Sie. Vielleicht sollte er für jeden sichtbar sein, vielleicht auch nur für Sie allein. Probieren Sie aus, was Ihnen guttut.

Geliebte Gewohnheiten

Ein anderes Ritual ist es, bestimmte praktische Abläufe genau so weiterzuführen, als wäre der Verstorbene noch dabei. Das heißt, wenn Sie zum Beispiel sonntags nach dem Essen immer gemeinsam spazieren gegangen sind, führen Sie diese Spaziergänge fort. Unterwegs können Sie Ihre Gedanken wieder ganz auf den anderen richten und Zwiesprache mit ihm halten. Führen Sie Dinge, die Sie oft und gern gemeinsam gemacht haben, im Gedenken an den Verstorbenen weiter.

Auch auf diese Weise entsteht eine besondere Nähe zu Ihrem Verstorbenen, die zunächst nicht ohne tiefen Schmerz zu haben ist. Aber nach und nach werden Sie sich besser von ihm lösen können, ihn freigeben in die Welt, in der er sich jetzt befindet, und zurückkehren in Ihr eigenes Leben. Gute gemeinsame Gewohnheiten weiterzuführen schafft eine vertraute Atmosphäre und wirkt wie ein Denkmal. So behält der Tote einen Platz in Ihrem Leben.

Rituale als Rückzugsort

Durchbrechen Sie Stressphasen, indem Sie innehalten und aus der Situation herausgehen. Auf welche Weise Sie das tun, richtet sich nach Ihren persönlichen Vorlieben. Suchen Sie sich neue persönliche Rituale als Asyl und intime Oasen. Nutzen Sie dabei auch die vielfältigen Möglichkeiten von Musik, Literatur, bildender Kunst, Naturbetrachtung oder Sport (siehe ab Seite 83). Manchmal genügt es schon, eine Tasse Tee oder Kaffee zu bereiten und sich damit einfach hinzusetzen und auszuruhen. Eine Kerze, ein beruhigender Duft oder leise Musik helfen Ihnen, sich zu entspannen und wieder Kräfte zu sammeln.

Ritus im Rhythmus

Rituale verlangen einen zeitlichen Rhythmus. Sie wirken nur dann beruhigend und sinnstiftend, wenn sie regelmäßig und in gleicher Weise wiederholt werden. Nur so rufen sie ein Gefühl von Sicherheit, Geborgenheit und Verlässlichkeit hervor. Rituale können sich am Rhythmus von Tag und Nacht, von Werk- und Feiertagen oder auch am Kalender und am Wechsel der Jahreszeiten orientieren.

ANREGUNG: **KLEINE FLUCHTEN**

Achten Sie einen Tag lang auf Ihre Gefühle. Legen Sie eine Gefühlskurve an und schauen Sie, wann Sie sich wie gefühlt haben und woran das lag. Üben Sie, in besonders schweren Momenten, wenn Sie großen Schmerz und Stress empfinden, »aus dem Feld« zu gehen. Nehmen Sie sich eine Handlung vor, die Sie aus der Situation herausnimmt und auf andere Gedanken bringt. Beobachten Sie, wie Sie reagieren und wie sich Ihre Gefühle verändern. Ritualisieren Sie diese Handlung, indem Sie ihr einen festen Platz in Ihrem Tages- oder Wochenplan geben.

Nehmen Sie solche gegebenen zeitlichen Rhythmen als Leitlinien, denn sie geben dem Leben Struktur und Abwechslung.

Sicherlich haben Sie persönliche wiederkehrende Rituale, die jedes Mal besondere Gefühle in Ihnen auslösen. Viele Menschen begehen Feste wie Weihnachten oder Ostern in immer der gleichen Art und Weise. Seit unserer Kindheit verbinden wir damit besondere Handlungen und Stimmungen. Für viele ist es bedeutsam, im Advent die immer gleichen Dekorationen aufzustellen oder sich mit bestimmten Düften zu umgeben. Die Weihnachtszeit wird verbunden mit dem Geruch von Äpfeln, Apfelsinen und Zimt. Im Frühling und zu Ostern soll es nach Narzissen und anderen Frühlingsblumen duften. Jahr für Jahr werden diese besonderen Zeiten zelebriert, um immer wieder jene Gefühle heraufzurufen, die uns in der Kindheit so glücklich machten. Die Rituale halten die Erinnerungen lebendig.

Denken Sie darüber nach:

- Welche besonderen familiären Rituale sind Ihnen wichtig?
- Welche stammen aus Ihrer Kindheit und welche haben Sie gemeinsam mit dem Verstorbenen neu geschaffen?
- Bauen Sie diese Handlungen bewusst in Ihren Alltag ein?
- Nehmen Sie sich Zeit dafür?
- Welche Feiertage sind Ihnen wichtig und warum?
- Wie zelebrieren Sie diese Feiertage?

Natürlich werden Sie besonders an bestimmten Feiertagen Ihren Toten schmerzlich vermissen. Sein Platz bleibt leer, und sein Beitrag zur Feier fehlt. Er kann Ihnen nur noch im Geiste nahe sein. Geben Sie ihm seinen Anteil und seinen Platz, indem Sie ein Zeichen für ihn setzen. Widmen Sie ihm etwas: eine Speise, die er mochte, eine Kerze, die nur für ihn leuchtet, ein Lied, das er gern hörte. Beziehen Sie Ihren Verstorbenen durch solche Rituale weiter ins Leben ein.

ANREGUNG: **DEN TAG ZELEBRIEREN**

Neben den großen Zeiträumen, die von den Jahreszeiten und den Feiertagen vorbestimmt sind, zählt auch jeder einzelne Tag der Lebenszeit. Abgesehen von Tag und Nacht gibt die Natur jedem von uns seinen Biorhythmus vor, und es ist ratsam, ihm zu folgen. So gibt es im Verlauf des Tages Phasen, in denen Sie besonders konzentriert sind und andere Zeiten, in denen Körper und Geist nach einer Pause verlangen.

Die Werktage durchstehen

Bei den meisten von uns ist der Tagesablauf werktags durch den Beruf bestimmt. Der Tag einer Hausfrau und Mutter, ein Tag im Büro, hinter dem Lenkrad oder auf der Baustelle lässt wenig Raum für individuelle Gestaltung und das Eingehen auf persönliche Bedürfnisse. Aber auch innerhalb eines Werktags ist es möglich und wichtig, sich Auszeiten zu nehmen, die durch kleine Rituale zu etwas Besonderem werden. Auf diesem Weg können Sie Halt und Trost finden und neue Kraft für den nächsten Schritt, der zu tun ist.

Momente des Ausblendens

Ziehen Sie sich in Ihrer Trauer immer wieder aus dem Alltag zurück. Schaffen Sie sich wenigstens kurze persönliche Auszeiten, in denen Sie sich Zeit für sich selbst und Ihre Bedürfnisse nehmen. Wie Sie bei solchen Gelegenheiten ganz Alltägliches zelebrieren, können Sie durch Übungen zur Achtsamkeit (siehe auch ab Seite 33) gezielt lernen.

Mit Achtsamkeit im Hier und Jetzt leben

Schon indem Sie jeder Ihrer Handlungen Ihre ungeteilte Konzentration widmen, werten Sie sie zu einer Art Ritual auf. Das betrifft so simple Verrichtungen wie Kaffeekochen ebenso wie komplizierte Problemlösungen am Arbeitsplatz. Wenn Sie die Dinge nicht nebenher tun, sondern mit Ihrer ganzen Aufmerksamkeit, dann zelebrieren Sie sie. Auf diese Weise bekommt jede Handlung eine andere Tiefe und Bedeutung und kann die beruhigende Kraft eines Rituals entfalten.

HILFEN AUS DER CHRISTLICHEN MYSTIK

Trost in der spirituellen Mystik zu suchen, ist seit über tausend Jahren in unserer Tradition verwurzelt. Ihre Grundlage ist der Glaube an einen liebenden und gerechten Gott, der die Geschicke der Menschen kennt und lenkt. Durch diesen Glauben bekommt das Schicksal tieferen Sinn und seine besondere Bedeutung.

Glück auf Erden – eine Erfindung der Neuzeit

Es wurde noch bis zum Zeitalter der Aufklärung als selbstverständlich hingenommen, dass es im irdischen Diesseits gar kein Leben ohne Leid und Trauer geben kann. Ein glückliches und vollkommenes Dasein suchten die Menschen deshalb nicht allein im Leben auf Erden. Sie fügten sich mit Demut in ihr irdisches Schicksal und hofften auf den Tag, an dem Gott Himmel und Erde neu machen und alle ihre Tränen trocknen würde. An diesem Tag würde dann auch Gerechtigkeit hergestellt werden. Bis ins späte Mittelalter galt die Überzeugung, dass nicht Gott das Leid in die Welt trägt, sondern der sündige Mensch mit seinem freien Willen.

Vier christliche Symbole

Trauer empfanden die Menschen zu allen Zeiten; nur gingen sie früher ganz anders damit um und nahmen vor allem Zuflucht in ihrer Frömmigkeit. Die christliche Mystik kann auch heute Ihnen helfen, Trauersituationen besser zu überstehen. In diesem Rahmen sollen nur einige ihrer traditionellen Symbole erwähnt werden:

- die Stille,
- das Fasten,
- der Rosenkranz,
- das Labyrinth.

Die Stille

Während der Trauer sind Ruhe und Stille angemessen. Der Hinterbliebene ist aus Hektik und Lärm des Alltags herausgenommen und plötzlich mit einer Situation konfrontiert, in der er sich ohnehin am liebsten von allem und jedem zurückziehen möchte. Jetzt einen stillen Raum um sich herum zu schaffen kann helfen, seine Gedanken zu ordnen und die Gefühle zu bewältigen.

Die ewige Stille, die sich über den Verstorbenen gebreitet hat, weht auch zu den Lebenden herüber. Haben Sie keine Angst vor dieser Stille, denn sie führt Sie in Ihr Innerstes – dorthin, wo Ihre Wünsche und Sehnsüchte ruhen. Erst wenn Sie auf diesen Grund Ihrer Seele gelangen, können Sie wieder aufleben.

Das Fasten

Essen und Trinken ist etwas Heiteres und mit Genuss und Freude verbunden. Fasten ist daher ein natürliches Trauerritual. Der eingetretene Todesfall verschlägt vielen Hinterbliebenen ohnehin den Appetit. Mancher ist unfähig, etwas Festes zu sich zu nehmen. Sie werden selbst spüren, ob Sie Nahrung aufnehmen möchten oder können. Ihr Körper wird Ihnen zeigen, wann es soweit ist, wieder genussvoll zu essen. Gehen Sie auf die Signale Ihres Körpers ein und lassen Sie sich nicht verunsichern von Menschen, die es gut mit Ihnen meinen und Sie zum Essen bewegen wollen.

Für einige Tage ist Fasten in Ordnung, denn der Körper kann meist auf ausreichende Reserven zurückgreifen. Reichlich Flüssigkeit ist weiterhin unabdingbar, aber der Verzicht auf feste Nahrung reinigt den Körper und den Geist.

Fasten diente immer auch der Vorbereitung auf einen neuen Lebensabschnitt. So kann es jetzt für Sie sowohl ein Zeichen Ihrer Trauer sein als auch ein Zeichen des Wandels in Ihrem Leben.

Der Rosenkranz

Das Rosenkranzgebet ist mehr als ein monotones Wiederholen von immer gleichen Texten; es kann einen gläubigen Menschen in die Nähe Gottes versetzen. Der Begriff Rosenkranz steht für die traditionelle Abfolge von Gebeten und für das Hilfsmittel der Gebetskette. Die 59 Perlen, die der Beter durch die Finger gleiten lässt, bezeichnen Gebete, die wie ein Mantra wiederholt werden.

Die Eröffnung bildet die am Kranz befestigte Kette mit Kreuz und drei kleinen Perlen zwischen zwei großen. Der Kranz trägt fünfmal zehn kleinere Perlen für die *Ave Maria* und eine trennende große für das *Vaterunser* und *Ehre sei dem Vater.* Ein *Vaterunser,* zehn *Ave Maria* und ein *Ehre sei dem Vater* bilden ein »Gesätz«.

Das eigentliche Gebet findet jedoch nicht auf sprachlicher Ebene statt. Während der Geist das Vaterunser oder das Ave Maria betet, spricht das Herz unmittelbar zu Gott. So ist der Intellekt beschäftigt, während das Herz die Nähe Gottes sucht. Die christliche Mystik sagt, dass allein das Gebet des Herzens diese Gottesnähe bewirken kann. In dieser findet dann der direkte Kontakt statt und erfüllt das Herz mit der tiefem Trost.

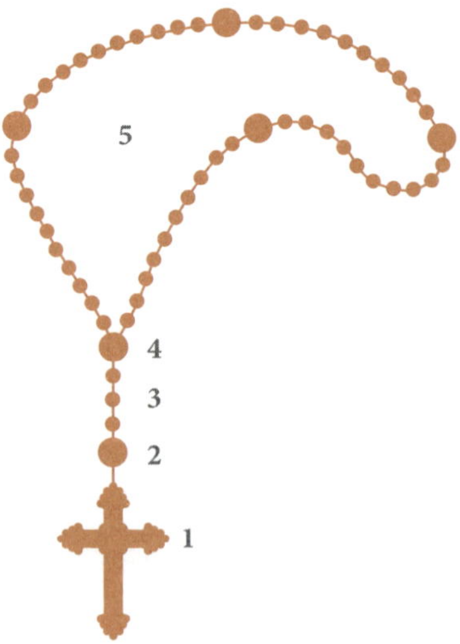

Gebetsfolge des katholischen Rosenkranzes: (1) *Kreuzzeichen,* Glaubensbekenntnis, (2) Vaterunser, (3) *drei* Ave Maria, (4) Ehre sei dem Vater, (5) *fünf »Gesätze« aus je einem* Vaterunser, *zehn* Ave Maria *und einem* Ehre sei dem Vater

Das Labyrinth

Auch das uralte Symbol des Labyrinths stellt eine Meditationshilfe dar. In einigen mittelalterlichen Kathedralen finden sich »Kirchenlabyrinthe«. Anders als in einem Irrgarten mit Verzweigungen und Sackgassen führt im christlichen Labyrinth ein einziger Weg zur Mitte, allerdings nicht gerade, sondern schlaufenförmig gewunden – so unübersichtlich wie der Weg des Lebens. Man geht auf konzentrisch angelegten halb- und viertelkreisförmigen Umwegen zur Mitte, wendet sich dort um und wandert zurück. Dies dient der Meditation und soll zum Nachdenken über das eigene Leben anregen. Es gibt über 2000 öffentlich zugängliche Labyrinthe in Deutschland; Tendenz steigend.

Neben den am Boden angelegten Labyrinthen, die man gehend abschreitet, gibt es kleine »Fingerlabyrinthe«, die mit dem Finger nachgezeichnet werden.

Schema des christlichen Labyrinths

TÜREN ZU NEUEN RÄUMEN

Die kleinen Rituale des Alltags sind ganz individuell. Unsere eigenen finden wir selbstverständlich, doch ihre Wirkung ist groß. Sei es das Frühstück, der Abendspaziergang, eine besondere Art Ordnung zu halten oder die Kinder ins Bett zu bringen – all das stellt wiederkehrende Handlungen dar. So spielen sich Abläufe ein, werden zur Gewohnheit und müssen nicht immer wieder neu bedacht werden. Das spart Zeit und Nerven, erleichtert den Alltag und verleiht ihm seine persönlich gefärbte Struktur.

Ohne Rituale würde das Leben chaotisch und voller Unruhe ablaufen. Besonders in Zeiten von Lebensumbrüchen geben uns Rituale Halt und Sicherheit. Sie machen diese besondere Zeit begreifbar, sie geben Tiefe und Sinn. Vergegenwärtigen Sie sich, welche Rituale für Sie eine Rolle spielen, und nehmen Sie eventuell neue Gebräuche in Ihren Tagesablauf auf, die im Zusammenhang mit dem Sterbefall stehen. Suchen Sie nach Ritualen, die Ihrer Trauer Ausdruck verleihen und die Trauerarbeit etwas erleichtern.

Machen Sie sich Ihre Rituale bewusst

Rituale verbinden die Mitglieder von Gemeinschaften aller Art. Vereine und Clubs, Logen und Parteien, Freundeskreise und vor allem Familien zeichnen sie als Institutionen mit eigener Identität aus. Sie sind oft originell und liebenswert und verbreiten Wir-Gefühl, Vertrautheit und Geborgenheit. Rituale verbinden uns auch mit Freunden und Verwandten, Bekannten und Kollegen. Ebenso gehören sie zur Identität jeder Einzelperson. Bevor Sie an die Umgestaltung gehen, sollten Sie eine Bestandsaufnahme Ihrer Rituale und Ihrer Lebensweise machen.

ANREGUNG: **PROTOKOLL DER RITUALE**

Notieren Sie sich eine Woche lang Ihren Tagesablauf. So verschaffen Sie sich einen Überblick über Ihre Rituale. Danach können Sie diese nach eigenem Ermessen beibehalten, verändern oder durch neue ergänzen. Beantworten Sie dafür beispielsweise die folgenden Fragen.

- Wann stehen Sie für gewöhnlich auf?
- Was machen Sie gleich nach dem Aufstehen?
- Wie gestalten Sie den Vormittag?
- Wann essen Sie, wie lange dauert die Vorbereitung dafür und wie viel Zeit nehmen Sie sich bei Tisch? Oder essen Sie vor dem Fernseher?
- Welche Höhepunkte haben Ihre Tage? Worauf freuen Sie sich?
- Welche Probleme müssen Sie täglich lösen?
- Was fällt Ihnen besonders schwer?
- Wo waren Sie heute? Was haben Sie gesehen oder erlebt?

Schreiben Sie kurz auf, was Ihre Tage ausfüllt, und achten dabei auf Ihre wiederkehrenden Handlungen.

- Welche Rituale können Sie entdecken?
- Wirken sich diese Rituale positiv oder negativ auf Ihre Stimmung aus?
- Was davon würden Sie gern verändern?
- Was möchten Sie beibehalten?

Rituale bewusst gestalten

Sicherlich gibt es auch in Ihrem Leben Rituale. Sollten Sie keine solchen wiederkehrenden Handlungen pflegen, wäre das sehr verwunderlich, denn jeder hat seine alltäglichen Handlungen, die nahezu unbewusst ablaufen. Aber Gewohnheiten können Sie sich an- und wieder abtrainieren. Sie können sie bewusst und freiwillig gestalten. Wird Ihnen ein Ritual zur lästigen Pflicht oder sinnentleerten Routine, ersetzen Sie es durch ein neues.

Gestalten Sie Ihr Leben

Es gibt Rituale, die sich in bestimmten Abständen wiederholen, und solche, die einen Abschnitt unseres Lebens von einem anderen abgrenzen. Eine solche Zeremonie ist die Trauerfeier. Sie schließt den Lebenszeitraum des verstorbenen Mitmenschen ab und markiert den Beginn unseres Lebens ohne ihn. In der Trauerfeier verabschieden Sie sich vom Zusammenleben mit dem Verstorbenen und beginnen einen neuen Weg. Diesen Weg werden Sie ohne den vertrauten Menschen gehen. Schaffen Sie sich für diesen neuen Lebensabschnitt Rituale, die Sie immer wieder mit dem Verstorbenen in Berührung bringen.

Von Zeit zu Zeit sollten Sie Ihr Leben beleuchten und darüber nachdenken, wie Sie leben, was Ihnen wichtig ist, was Ihnen daran gefällt und guttut und was weniger. Nicht nur, aber speziell in der Trauer lassen sich viele Menschen treiben und leben passiv in den Tag hinein. Allzu oft agieren sie, als hätten sie gar keinen Einfluss auf ihre eigene Lebensgestaltung. Aber Sie entscheiden, was Sie denken, reden und tun. In der Regel vergrößert der Todesfall sogar den Handlungsspielraum der Hinterbliebenen. Sie sollten ihn nutzen und mit Leben ausfüllen.

Den Alltag analysieren

Sie allein bestimmen Ihre Haltung dem Leben gegenüber. An Ihren Gewohnheiten können Sie diese Einstellung ablesen. Indem Sie sich Ihre Lebensführung bewusst machen, erkennen Sie, was Ihnen wichtig ist und worin Sie Ihre Zeit investieren.

Um die für Ihre neuen Lebensumstände adäquaten Veränderungen herbeizuführen, müssen Sie im ersten Schritt Ihre Gewohnheiten kennenlernen. Beobachten und notieren Sie dazu für einige Zeit Ihren Tagesablauf. Beantworten Sie für sich beispielsweise die folgenden Fragen:

- Wie verläuft bei Ihnen ein ganz normaler Werktag?
- Wie gestalten Sie Feiertage und Wochenenden?
- Worauf freuen Sie sich?
- Was tun Sie gern und was bereitet Ihnen Mühe?
- Gefällt Ihnen das Umfeld, in dem Sie wohnen und arbeiten?
- Wen rufen Sie im Verlauf einer Woche an und wie oft?
- Mit wem treffen Sie sich?
- Wie viele Stunden schlafen Sie nachts und tagsüber?
- Wie viel Zeit nehmen Sie sich zum Essen und was essen Sie?
- Essen Sie zu viel oder zu wenig, unregelmäßig oder hastig?
- Wie viele Stunden pro Tag arbeiten Sie und wie lange ruhen Sie sich aus?
- Was tun Sie, um sich zu entspannen und auszuruhen?
- Wie machen Sie Urlaub? Verreisen Sie ab und zu?

Bewerten Sie Ihre Lebensweise

Legen Sie eine Liste an mit den Gewohnheiten, die Sie gut finden und eine mit denen, die Sie für schlecht halten. Lassen Sie sich dabei zunächst nicht von der öffentlichen Meinung beeinflussen, etwa dass Rauchen schlecht ist und Spazierengehen gut. Legen Sie für sich allein fest, was Ihnen auf Dauer guttut und was nicht. Denken Sie besonders darüber nach, warum Sie bestimmte Verhaltensweisen pflegen. Was geben sie Ihnen?

Die Menschen einbeziehen

Nicht selten versammelt sich die Familie auf Trauerfeiern zum ersten Mal seit Jahren. Anstatt dem Verstorbenen die letzte Ehre zu erweisen und die Gedanken auf ihn zu konzentrieren, nutzen manche den Rahmen der Trauerzeremonie dazu, eingeschlafene Kontakte neu zu beleben. Aber das Zeremoniell selbst gilt dem

Abschied von dem Toten. Zu seinen Ehren sollten Ruhe und Stille herrschen. Dies gehört zentral zum Ritual der Trauer. Gespräche und der Austausch der neuesten Nachrichten gehören in die Zeit davor oder danach.

Aufeinander angewiesen: die Hinterbliebenen

Aber eine Trauerfeier kann ein guter Anstoß sein, als Familie enger zusammenzurücken, Freundschaften und Kontakte zu vertiefen oder neue zu beginnen. Es ist gut und schön, dass die Hinterbliebenen die entstandene Lücke in ihren Reihen schließen. Das sollen und müssen sie tun. Für die neu entstandene Nähe dürfen Sie dem Verstorbenen dankbar sein. Er hat sie gestiftet.

Denken Sie an die Menschen, die Ihnen am wichtigsten sind. Wie intensiv ist der Kontakt zu ihnen? Wie halten Sie den Kontakt? Wie oft treffen Sie sich? Wie oft geht die Initiative dazu von Ihnen aus? Haben Sie den Umgang mit Menschen seit dem Todesfall eher vernachlässigt oder vertieft?

Gemeinsame Rituale

Wenn ein Menschen für immer gegangen ist, merkt man oft erst, wie viel er der Gemeinschaft bedeutet hat. Sehr stark kann uns nun sein Nachleben prägen und beeinflussen.

Aus diesem Grund sollten Sie nicht möglichst schnell wieder zur Alltagsroutine übergehen, sondern Rituale einbauen, die Sie mit Ihren Freunden und Verwandten enger zusammenbringen. So können Sie beispielsweise einen Tag und eine Zeit festlegen, zu der Sie sich regelmäßig treffen oder miteinander telefonieren. Sie können ein regelmäßiges Essen einführen und reihum füreinander kochen oder backen. Sie können gemeinsame Reisen oder Unternehmungen an den Wochenenden planen. Vielleicht treffen

Sie sich mit Freunden zu Spieleabenden, zum gemeinsamen Handarbeiten, Lesen oder Sporteln. Geben Sie den Dingen Regelmäßigkeit und Verlässlichkeit. Nur so können sie auf Dauer ihre erstaunliche positive Wirkung entfalten.

Das Miteinander pflegen

In der Not nehmen wir wahr, wie wichtig Familie, Freunde und Nachbarn eigentlich sind. Im Alltag fällt uns das kaum auf. Aber wenn Sie trauern, nehmen viele Menschen aus Ihrer Umgebung Anteil. Dabei gehen Leute auf Sie zu, von denen Sie es gar nicht gedacht hätten. Das ist eine gute Gelegenheit, neue Bekanntschaften und vielleicht sogar Freundschaften zu beginnen. Auch wenn es nicht immer einfach ist, in einer Gemeinschaft zu leben, so ist es doch für die meisten Menschen besser, als allein zu sein. Manche ziehen sich sehr in ihr privates Umfeld zurück. Das mag mit ihrem Charakter zusammenhängen oder mit ihrer Prägung. Aber das Geschöpf Mensch braucht ein Mindestmaß an Gemeinschaft und Anteilnahme wie die Luft zum Atmen.

Ein Netz, das Sie auffangen kann

Die sozialen Netzwerke im Internet bieten eine unerschöpfliche Quelle von Kontakten, wie es sie nie zuvor gegeben hat. Man kann im Web nicht nur Partner suchen, sondern auch Leidensgenossen, mit denen man sich austauschen und die Trauer teilen kann (Links siehe Seite 175). Bei aller gebotenen Vorsicht und trotz aller Lügen in der Selbstdarstellung bietet es gute Möglichkeiten, die Einsamkeit zu überwinden. Wenn Sie noch nicht mit einem Computer umgegangen sind, lassen Sie sich von jemandem einweisen oder lernen Sie es autodidaktisch. Für den Normalverbraucher ist es heute im Grunde sehr einfach und selbsterklärend.

Gedanken und Gefühle

Neben den realen Veränderungen, die der Tod eines Nahestehenden bringt, schlagen auch Ihre Gedanken und Gefühle eine andere Richtung ein. Worüber Sie sich gestern den Kopf zerbrochen haben, spielt heute keine Rolle mehr. Anfangs fahren die Gefühle Achterbahn: Wehmut, Traurigkeit und Melancholie wechseln sich ab mit Wut und Aggression. Auch erschreckende Gefühle können an die Oberfläche kommen. Allen gemeinsam ist jedoch, dass sie negativ sind und die Tendenz haben, Sie herunterzuziehen.

Doch Ihre Gedanken und Gefühle sind etwas ganz anderes als der Schicksalsschlag selbst, denn auf beides können Sie Einfluss nehmen. Sie allein bestimmen, was Sie denken. Und Ihren Gedanken werden sich im Laufe der Zeit Ihre Emotionen anschließen. Traurige Gedanken erzeugen traurige Gefühle. Und am Beginn der Trauer sind Sie natürlich voll von traurigen Gedanken.

DIE GEDANKEN LENKEN, DIE GEFÜHLE ERTRAGEN

Für die Trauerverarbeitung ist es unabdingbar, seine Gedanken zu ordnen und ihnen eine optimistische Richtung zu weisen. Ist das momentan noch zu viel für Sie? Dann warten Sie, bis Sie in sich die Bereitschaft und den Impuls spüren, gegen die dunklen Gemütsverfassung anzugehen. Das kann, wie die Trauerphasen selbst, Wochen, Monate und in manchen Fällen sogar Jahre dauern. Doch sollten Sie sich schon jetzt vor Augen halten, dass Sie Ihrem Innenleben nicht hilflos ausgeliefert sind, sondern durchaus darauf einwirken können.

Wie bereits beim Thema Achtsamkeit (siehe ab Seite 31) besprochen, ist es eine für jeden erlernbare Fähigkeit, seine Gedanken auf bestimmte Dinge zu konzentrieren. Durch Übung trainieren Sie

Ihr Gehirn wie einen Muskel. Sie können lernen, Ihre Gedanken- und Gefühlswelt so zu beherrschen, dass Sie sich ihnen nicht mehr hilflos ausgesetzt fühlen, sondern ihnen die Richtung geben, die Sie wollen. Aber setzen Sie sich dabei nicht unter Druck und nehmen Sie sich nicht zu viel vor. Bleiben Sie in Kontakt mit sich selbst und suchen Sie in allem Ihr inneres Gleichgewicht.

Die spontan eintretende tiefe Erschütterung ist zunächst nicht steuerbar. Sie bricht brutal über die Hinterbliebenen herein, die sich manchmal selbst darüber wundern, wie sie auf den Todesfall reagieren. Weil die meisten Menschen heute nur selten Todesfälle erleben, sind ihnen ihre unwillkürlichen Reaktionen darauf fremd, und sie sind verwundert oder hilflos angesichts der verwirrenden und widersprüchlichen Gefühle, die sie überschwemmen.

Am Anfang der Trauer ist es, als würde einem schier das Herz zerreißen. Es schmerzt wie eine offene Wunde, und Sie fühlen sich krank und matt. Wie nach einer Operation sind Sie unfähig »aufzustehen«. Und in dieser Situation etwas zu erzwingen wäre falsch. Wie nach einer Operation brauchen Sie Ruhe und eine gewisse Zeit für Ihre Regeneration. Da Körper und Seele eng zusammenhängen, drückt die Seelenlage der Trauer Sie sowohl innerlich als auch äußerlich nieder. Es ist ganz normal, dass Sie erst einmal aus Ihrem Alltag ausbrechen wollen, um sich zu »sortieren«.

Überfordern Sie sich nicht

Vielleicht gehören Sie aber zu jenen, die trotz und gerade wegen der niederdrückenden Gefühle an ihrem gewohnten Alltag festhalten und sich umso mehr in ihre Arbeit stürzen. Darin kann jedoch die gleiche Überforderung liegen, als würden Sie vom Operationstisch steigen und direkt wieder an den Schreibtisch gehen. Deshalb ist es besser, sich den Trauergefühlen zu stellen und sie in gewissem Umfang auszuhalten. Nur dadurch ist eine »Heilung« möglich.

ZUERST HERRSCHT NUR **DUNKELHEIT**

Auch wenn es möglich ist, Gedanken und Gefühle zu steuern, bleibt der Tod ein übermächtiges Ereignis, das uns überfordert und in ein emotionales Chaos stürzt. Die Gedanken rasen hin und her. Einerseits sind Sie kaum Herr Ihrer Sinne, andererseits sehen Sie manches so klar wie nie zuvor. Durch Ihr Inneres geht ein Aufschrei. Alles bäumt sich auf gegen diese ungeheuerliche und unfassbare Realität, die sich Ihnen aufzwingt. Angesichts des Todes erscheint alles andere bedeutungslos.

Weitermachen, irgendwie

Im Schatten der Trauer werden Sie versuchen, das nun Nötige zu tun und zu veranlassen. Viele ungewohnte Dinge sind zu erledigen. Soll eine Todesanzeige erscheinen? Wollen Sie Karten versenden? Eine Trauerfeier veranstalten? Sie müssen sich eventuell um eine Grabstelle kümmern, einen Bestatter aufsuchen, einen Sarg oder eine Urne bestellen, sich für die Art und Weise der Bestattung entscheiden (siehe dazu ab Seite 43), Unterlagen sichten, Behördengänge machen, Verträge kündigen, Abos stornieren, Versicherungen abmelden, Konten schließen und so weiter und so fort.

Oft sind Hinterbliebene während dieser anstrengenden Verrichtungen relativ gefasst. Dann aber bricht es umso überwältigender über sie herein und aus ihnen heraus, und sie müssen unvermittelt weinen. Es sind verwirrende Tage. Sie erleben alles wie durch einen Schleier und doch sehr intensiv. Die Erde dreht sich einfach und ungerührt von ihrem Leid weiter, aber für sie ist sie nun eine völlig andere geworden. Gehen Sie trotz all der Schwere langsam weiter und tun Sie, was jetzt nötig ist.

Den Schmerz herauslassen

In den verschiedenen Kulturen ist die Trauer sehr unterschiedlich ritualisiert. So ist beispielsweise in manchen Ländern die Trauerfarbe Schwarz, in anderen dagegen Weiß. Manche wehklagen laut, bei anderen sind Klagen und Gefühlsausbrüche verpönt.

Schon im deutschen Sprachraum gibt es je nach Region und sozialer Zugehörigkeit ganz verschiedene Traditionen. Viele der über Jahrhunderte entwickelten und praktizierten Bräuche befinden sich heute im Umbruch. Alte Rituale verschwinden und werden von neuen abgelöst. Der religiöse Hintergrund spielt eine immer kleinere Rolle. Die Trauer, die früher öffentlich stattfand, wird mehr und mehr zur Privatsache. Außer bei Staatsbegräbnissen oder dem Tod bekannter Persönlichkeiten wird kaum mehr öffentlich getrauert. Das moderne Geschäftsleben gesteht der Trauer ebenfalls kaum noch Raum zu. Auch ein Trauernder soll weiter funktionieren. Gefühle sollen Privatsache sein.

ANREGUNG: **BEHERRSCHEN SIE SICH NICHT**

In dieser ersten Trauerphase sollten Sie Ihren Gefühlen freien Lauf lassen. Der Trauerfall wird Sie immer wieder an die Grenzen Ihrer seelischen und nervlichen Belastbarkeit bringen. Der Tod fordert von einem Menschen oft mehr, als er glaubt, ertragen zu können. Lassen Sie die Tränen einfach fließen, wann immer sie kommen.

Ziehen Sie sich zurück, wenn Sie Ruhe brauchen. Aber gehen Sie offen mit Ihrer Trauer um, auch wenn Ihr Umfeld davon zunächst irritiert sein sollte. Die seelische Belastung, die Sie durch die Trauer erleiden, muss sich Bahn brechen und nach außen gelangen können. Je mehr Sie sie herauslassen, umso eher sind Sie innerlich wieder frei und bereit für das Weiterleben. Vielleicht nehmen Sie ein paar Tage Urlaub, um möglichst frei zu sein.

Sie haben ein Recht, Ihrer Trauer Ausdruck zu geben. Finden Sie Ihr Maß zwischen Trauer und Trost, zwischen Sich-gehen-Lassen und Sich-Sammeln. Haben Sie keine Scheu, in Ihrer Not tatsächlich einmal zu schreien und zu jammern, etwas umzustoßen oder gegen die Wand zu werfen. Das wird kein Dauerzustand sein.

Die Trauer zulassen, wie sie ist

Die Gemütslage der Trauer reicht vom Nervenzusammenbruch bis zur Schockstarre. Manche schreien, manche verstummen, oder man tut beides im Wechsel. Manche werden extrem geschäftig, andere fallen in Lähmung und Passivität. Vielleicht haben Sie nur eine vage Vorstellung davon, wie sich Menschen in Trauer üblicherweise verhalten oder verhalten sollten. Sie sehen etwa große Gesten und hören lautes Wehklagen. Ihr Bild eines Trauernden ist unter Umständen von Film und Fernsehen geprägt. Plötzlich befinden Sie sich nun selbst in dieser Lage und reagieren vielleicht völlig anders, als Sie es erwartet hätten – wie im falschen Film.

Den Schock überstehen

In den ersten Tagen nach dem Todesfall ist man in der Regel überaus beschäftigt. Vieles muss organisiert, entschieden und besorgt werden. Vor lauter Erledigungen bleibt kaum Zeit zum Nachdenken. Das hilft zunächst sogar. Doch irgendwann kommt der Moment, in dem alles über Sie hereinbricht und sich mit Macht das unerträgliche, nackte Verlustgefühl einstellt. Der Gedanke, etwas Wertvolles für immer verloren zu haben, bricht hervor und umklammert Ihr Herz mit eisernem Griff. Ihnen stockt der Atem. Nach der ersten Verwirrung möchten Sie schreien und fluchen, Tassen und Teller an die Wand werfen oder einfach nur dasitzen, vor sich hinstarren in absoluter Leere und Hoffnungslosigkeit.

Wie sollen Sie nun »richtig« reagieren? Gestehen Sie sich Regungen und Gedanken jeglicher Art zu. Sie alle sind nicht krank, sondern vollkommen normal und für die Verarbeitung notwendig. Für Ihren Heilungsprozess ist es wichtig, durch diese Phase der Verwirrung und der Gefühlsausbrüche zu gehen. Körper und Geist müssen und dürfen auf das Unfassbare reagieren.

Sie sind am Ende einer Wegstrecke angekommen und stehen am Anfang eines neuen Abschnitts. Sie wissen noch nicht, was auf Sie zukommen wird. Sie wissen nur, dass Sie etwas verloren haben, das Ihrem Leben bisher Stabilität und Sinn gegeben hat. Noch ist unklar, wie es weitergehen wird. Das kann die Angst auslösen, dem Leben nun nicht mehr wie gewohnt gewachsen zu sein, Angst vor Einsamkeit und Hilflosigkeit, ja Angst vor dem Zusammenbruch Ihrer gesamten Existenz. Sie stehen an einem Scheideweg, den Sie sich nicht ausgesucht haben. Ihnen wurde jemand weggenommen, der Ihnen zentral wichtig war. Sie werden nur langsam in diesem neuen Leben Fuß fassen. In Ihren Gefühlen wird es sich zuerst andeuten, dass große Veränderungen unausweichlich sind.

Die Trauer nicht verbergen

Scheuen Sie sich nicht, Gefühle zu zeigen. Sprechen Sie mit Ihrem Umfeld offen darüber, und Sie werden in aller Regel Verständnis dafür finden, dass Sie sich im Zustand der Trauer befinden. Um mit der Zeit wieder zu voller Leistung aufzulaufen, müssen Sie erst einmal mit sich selbst in Berührung kommen, all Ihre Emotionen und Ihre momentane Schwäche zulassen und ganz Mensch sein – in Ihrer Trauer und in Ihrem Schmerz.

Es sollte Ihnen dabei nicht peinlich sein, das Mitgefühl Ihrer Mitmenschen zu erleben. Seien Sie offen für alle Zeichen der Zuneigung und nehmen Sie Hilfsangebote dankbar an. Aus dieser Solidarität können Sie Kraft schöpfen.

Wut und Hass im Trauerprozess

Gerade auch unsere schwärzesten Gefühle gehören in die Extremsituation der Trauer. Sie können wütend sein auf die Tatsache des Todes, wütend auf das Leben und die Welt, auf sich selbst oder andere Menschen. Wütend auf das, was Sie erleiden müssen, und auf die Umstände, die dazu geführt haben. Im Angesicht des Todes fällt jede Maske, und auch versteckte oder lange unterdrückte Aggressionen können zutage treten. Das ist im Grunde genommen gut, denn es hilft, die Seele von ihrem Ballast zu befreien.

Wut ist ein akutes und flüchtiges Gefühl, das meist unmittelbar ausbricht, also plötzlich nach außen sichtbar wird. Wütende Menschen werden laut und aggressiv. Aber diese Gefühlswallung legt sich bald wieder. Anders ist es mit Hass, der sich dauerhaft im Herzen festsetzen, es angreifen und schädigen kann.

Den dunklen Gefühlen ins Auge sehen

Die negativen Emotionen gehören zum Menschsein, müssen aber in die richtigen Bahnen gelenkt werden, um ihre zerstörerische Kraft abzubauen. Vielleicht ist es dazu nötig, ein klärendes Gespräch zu führen. Gibt es Menschen, die Ihnen etwas vorwerfen, oder andere, die in Ihren Augen etwas falsch gemacht haben? Gehen Sie, wenn möglich, auf diese Menschen zu. Nehmen Sie das aber nicht im Moment der Rage in Angriff, sondern in einer Periode relativer Ruhe und Gelassenheit.

Denken Sie über Ihre dunklen Gefühle gut nach. Irgendwann werden Sie zu der Erkenntnis gelangen, dass Sie sich diesen Gefühlen selbst aussetzen. Wut und Hass richten sich letztlich immer gegen den, der sie empfindet. Beides dürfen wir auch nicht ungebremst an anderen Menschen auslassen. Das würde in letzter Konsequenz zu Mord und Totschlag führen. Diese Gefühle zeigen uns, dass etwas in uns selbst nicht stimmt. Etwas ist in Schieflage geraten, und wir reagieren heftig darauf. Unterdrückte Gefühle von Hass und Wut vergiften unser Leben. Und nicht immer ist es möglich, ihren Grund zu beseitigen.

Mit Stress umgehen

Trauer verursacht starken Stress, und zwar negativen Stress, auch Disstress genannt (siehe unten), mit all seinen quälenden psychosomatischen Begleiterscheinungen wie etwa Schlafstörungen und Appetitlosigkeit, Erschöpfung, Nervosität und Antriebslosigkeit.

Stress hat zur Folge, dass die unwillkürlichen Vorgänge des so genannten vegetativen Nervensystems nicht mehr rund laufen, sondern aus dem Takt geraten. Das betrifft diejenigen Systeme, die sich normalerweise ohne unser Zutun regulieren, wie etwa die Atmung, die Verdauung und den Kreislauf. Wegen des Trauerfalls und der damit einhergehenden Erregung werden im Körper Stresshormone ausgeschüttet. Sie bringen all diese eingespielten Abläufe in Unordnung, und das verursacht Beschwerden.

WAS IST DISSTRESS?

Im Gegensatz zum positiven Eustress, der den Menschen durch Erfolgserlebnisse und Bestätigung zu höheren Leistungen motivieren kann (siehe dazu auch Seite 146), bewirkt negativer Disstress eine Dysregulation des vegetativen Nervensystems, bei der die Körperfunktionen durcheinandergeraten.

Wie äußert sich dieser negative Stress? Die körperlichen Hauptsymptome sind Bluthochdruck und Herzklopfen. Auf der emotionalen Seite stehen Schlafstörungen und Stimmungsschwankungen, Unruhe und Antriebslosigkeit, Angstzustände und Panikattacken, mangelnde Affektkontrolle sowie Appetitlosigkeit oder Heißhunger.

Es kommt im Lauf des Lebens immer wieder zu Stresssituationen. Die Auslöser und das Ausmaß variieren dabei stark. Aber der menschliche Körper ist im Allgemeinen fähig, die eingetretene Dysregulation auszugleichen und die innere Balance wiederherzustellen. Dies gelingt in der Regel sogar nach dem extremen Erlebnis eines Todesfalls. Der Stress, den Sie anfangs dabei empfinden, ist eine natürliche Reaktion des Körpers auf die außergewöhnliche Situation. Mit der Zeit wird sich diese von selbst abschwächen.

Die Grenzen der Selbsthilfe

Hinter der Trauer, die im Allgemeinen früher oder später bewältigt wird, kann sich etwas anderes aufbauen, was vom Betroffenen im Alleingang nicht zu verarbeiten ist. Zuweilen ist ein Tiefpunkt im Leben erreicht, und es tritt eine Depression ein, aus der ein Aufstieg aus eigener Kraft kaum noch möglich ist. In einem solchen Fall ist Hilfe von außen nötig! Dann muss jemand dem Todtraurigen sozusagen die Hand reichen und ihn ein Stück nach oben ziehen, auf eine Ebene, von der aus ein erfülltes Leben aus eigener Kraft wieder möglich wird.

Schaffen Sie es allein?

Nur Sie können entscheiden, ob oder wann der kritische Punkt für Sie erreicht ist. Wenn Sie alles probiert haben und trotzdem auf Dauer nur noch niedergeschlagen sind, wenn Sie nicht mehr weiterwissen und sich nicht vorstellen können, dass es für Sie eine erstrebenswerte Zukunft gibt, dann sollten Sie sich professionelle Hilfe suchen. Folgende Kriterien geben Ihnen Hinweise darauf, dass Ihre eigenen Verarbeitungsmechanismen nicht wirksam sind.

Sind Sie über einen längeren Zeitraum und nachdem Sie aktiv versucht haben, Ihre Trauer zu verarbeiten, immer noch …

- traurig und unfähig sich zu freuen,
- schlaflos, antriebslos und/oder appetitlos,
- erschöpft und überfordert,
- außerstande Pläne zu schmieden,
- auf unerklärliche Weise ängstlich, panisch oder gleichgültig?

Während einer Depression ist es für den Betroffenen unvorstellbar, sich jemals wieder anders zu fühlen. Am stärksten sind die Beschwerden oft in den Morgenstunden. Manchen erscheint das Tageslicht verdunkelt und das Sichtfeld zum »Tunnelblick« verengt. Man ist ohne jede Hoffnung und davon überzeugt, dass es niemals wieder eine Besserung der Lage geben wird. Solche Situationen, in denen kein Ausweg mehr gesehen wird, sind gefährlich, denn sie rauben auf Dauer allen Lebensmut und alle Lebenskraft – bis zu dem Punkt, an dem der Tod besser erscheint als das Leben.

Rettung in der Therapie

Je nachdem, wie sehr Sie sich belastet fühlen, stehen Ihnen unterschiedliche Hilfsangebote zur Verfügung. Zunächst könnten Sie sich einer Trauergruppe anschließen, in der Sie Menschen finden, die Sie verstehen, weil sie eine ähnliche Situation durchmachen (siehe auch Seite 141). Des Weiteren gibt es Unterstützung in karitativen oder diakonischen Verbänden und bei *pro familia.*

Oder Sie suchen Unterstützung bei einem Psychologen oder Psychotherapeuten. Depressionen sind ein regelrechtes Volksleiden und in aller Regel gut heilbar. Vorübergehend können Medikamente für eine schnelle erste Entlastung sorgen. Wagen Sie, wenn es nottut, den Schritt zu einem Therapeuten. So wie Sie bei körperlichen Schmerzen selbstverständlich zum Arzt gehen, sollten Sie das auch bei seelischen Schmerzen tun. Lassen Sie sich professionell helfen und überbrücken Sie damit Ihre Leidenszeit, bis sich eine Linderung einstellt und sich Ihre Gefühle aufhellen.

Das Auf und Ab, Freude und Schmerz, Glück und Leid – all das gibt Ihrem Leben seine unverwechselbare Dynamik und Prägung. Erst auf dem Hintergrund von Schmerz, Trauer und Leid bekommen das Glück und die Freude ihren Wert und ihre Tiefe. Nehmen Sie also auch eine Depression als einen Teil Ihres Lebens an, aber bleiben Sie nicht dabei stehen, sondern arbeiten Sie sich hindurch.

GEFÜHLE GEZIELT BEEINFLUSSEN

Haben Sie keine Angst vor Ihren Gefühlen; sie gehören zu Ihnen. Aber Sie müssen sich ihnen nicht willenlos ausliefern. Haben Sie das erst einmal verstanden und verinnerlicht, werden Sie immer besser mit Ihren Gefühlen umgehen können.

Durchbrechen Sie den Teufelskreis der immer gleichen Gedanken während der Trauer. Kämpfen Sie an gegen die Gefühle, die Sie lähmen. Lernen Sie sich und Ihr Seelenleben besser kennen. Jeder Mensch ist einzigartig und reagiert in einer vergleichbaren Situation auf seine ganz eigene Weise. Jeder hat seine individuelle Art, mit Schmerz und Verlust umzugehen. Spüren Sie in sich hinein: Welches sind Ihre ganz persönlichen Gefühle? Wie reagieren Ihr Körper und Ihre Seele? Wie können Sie diesen Gefühlen Ihren individuellen Ausdruck verleihen? Was möchten Sie tun, um Ihre Gefühle herauszulassen und ihnen Gestalt zu geben?

»Nicht was wir erleben, sondern wie wir empfinden, was wir erleben, macht unser Schicksal aus.«

(MARIE VON EBNER-ESCHENBACH)

Verharren Sie in Ihren traurigen Gefühlen so lange, wie es Ihnen notwendig erscheint, aber nicht für immer. Wenn die Gedanken und Gefühle Sie gegen Ihren Willen niederdrücken, dann kämpfen Sie dagegen an. Sagen Sie zu sich selbst: »Es ist gut und richtig, dass ich meinen Schmerz, meine Traurigkeit, Fassungslosigkeit und Angst so stark gespürt habe, aber nun will und muss ich weitergehen. Das Leben ruft mich, und ich will sehen, was die Zukunft für mich bereithält.«

Durch diesen Aufbruch werden Sie dem Verstorbenen nicht untreu. Er wird immer ein Teil Ihres Lebens bleiben. Sie können sich dankbar daran erinnern, womit er Ihr Leben bereichert hat.

Es ist immer noch Ihr Leben

Sie sind noch in der Welt der Lebenden und nicht bei den Toten. Versuchen Sie, Ihren eigenen Weg zu finden und weiterzugehen. Lassen Sie sich von Ihrer gemeinsamen Vergangenheit für die Zukunft inspirieren. Schöpfen Sie Kraft aus der Erinnerung an Ihre Gemeinschaft. Vielleicht fallen Ihnen Situationen ein, in denen Sie heute anders handeln würden. Dann handeln Sie künftig anders; das Leben wird Ihnen die Chance dazu geben. Sie haben immer die Möglichkeit, sich zu ändern und neue Wege zu beschreiten. Hören Sie auf Ihre innere Stimme. Vertrauen Sie darauf, dass sich die Dinge wieder klären, die Nebel sich lichten und Sie wieder wissen werden, wohin es für Sie gehen soll.

Vielleicht werden Sie einen Weg beschreiten, der Ihnen bisher noch niemals in den Sinn gekommen ist, oder Sie kehren zu den Träumen Ihrer Kindheit und Jugend zurück. In jedem Fall werden Sie Mut brauchen für die ersten Schritte ins Ungewisse. Es wird den einen oder anderen Stolperstein geben, der Sie aufhält oder sogar straucheln lässt. Aber geben Sie nicht auf. Das Leben gehört Ihnen, und Sie tragen die Kraft in sich, es zu schaffen.

ÜBERLEBENSTRAINING FÜR HINTERBLIEBENE

Wir haben davon gesprochen, dass die Trauer Zeit braucht und dass Trauernde verschiedene Phasen durchwandern. Es wird dabei Tage geben, in denen die Trauer Ihr gesamtes Leben bestimmt und Sie an nichts anderes denken können als an den schmerzlichen Verlust. Für solche Momente kann es Ihnen helfen, sich in Ihrer Vorstellung so etwas wie einen »Notfallkoffer« zurechtzulegen.

Was ist im Notfallkoffer?

- Kunst und Kultur: Werke rezipieren und gestalten
- Sport: Ausdauer und Kraft trainieren
- Natur: erleben, bearbeiten, beobachten, fotografieren
- Gemeinschaft: reden, sich Gesellschaft leisten, einander in den Arm nehmen, Hilfe geben und annehmen

Um überleben zu können, müssen Sie sich manchmal innerlich vom Schmerz zurückziehen und sich ablenken. So wie nach einer Operation Schmerzmittel helfen, während des Heilungsprozesses Ruhe zu finden, so sollte auch die Seele immer wieder vorübergehend vom akuten Schmerz befreit werden, um besser zu heilen. Im Folgenden schauen wir uns die Möglichkeiten für solche Sofortmaßnahmen näher an.

Kunst und Kultur: Genuss und Erste Hilfe

Dazu zählen alle Arten von Ausdruck und Kreativität, die in der Musik, in der bildenden Kunst und in der Literatur zu finden sind. Nirgendwo anders als in der Kunst beschäftigen sich Menschen so intensiv mit Grenzerfahrungen, Schicksalen, wundersamen Wandlungen und menschlichen Möglichkeiten. Hier finden alle menschlichen Gemütsbewegungen ihren Ausdruck.

> *»Die Seele ernährt sich von dem, worüber sie sich freut.«* (AUGUSTINUS AURELIUS)

Ihre Trauer fühlt sich subjektiv einzigartig an. Aber das, was Sie jetzt durchmachen, haben vor Ihnen schon unzählige Menschen erlebt. Was Sie jetzt fühlen, haben auch andere gefühlt. Und manchen ist es gegeben, diese Gefühle und dieses Leid in eine sinnlich wahrnehmbare Form zu bringen, den Schmerz in Worte zu fassen, Regungen in Bildern oder in Musik Gestalt zu verleihen.

Kultur rezipieren

Befinden Sie sich in einem Krisenzustand, in dem für Sie »nichts mehr geht«, dann suchen Sie Zuflucht und Trost in der Kunst. Versenken Sie sich in eine Musik, in ein Bild, einen Film oder in ein Buch. Öffnen Sie sich für die gedankliche Welt, die sich Ihnen darin offenbart, und tauchen Sie ein in ein anderes Universum. Wählen Sie hoffnungsvolle und motivierende Werke für sich aus. Probieren Sie, was Ihnen gefällt und was Ihnen guttut.
Auf verschiedene Weise kann die Kunst Ihnen helfen, Ihre Trauer zu überwinden:

- Absichtsvoller Kunstgenuss fordert Ihre Konzentration und bringt Sie dadurch für eine Weile auf andere Gedanken. Sie wirkt ähnlich wie ein Schmerzmittel, das die Symptome lindert, während eine Wunde heilt. Ihr innerer Heilungsprozess wird sich unterdessen fortsetzen, ohne dass Sie ununterbrochen daran denken.
- Sie finden einen sinnlich wahrnehmbaren Ausdruck für Ihre Empfindungen. Ein Gedicht, ein Bild oder ein Lied kann im kleinsten formalen Rahmen alle Gefühle darstellen, die Sie bewegen: Schmerz, Leid und Trauer, aber auch Liebe, Glück

und Hoffnung. Sie fühlen sich verstanden und sehen, dass Sie mit Ihren Gefühlen nicht allein sind.

- Die Werke von Künstlern können auch neue Gefühle in Ihnen wecken. Vielleicht waren Sie bisher noch nicht in der Lage, so zu trauern, wie Sie es brauchen oder sich vorstellen. Vielleicht sind die Gefühle in Ihnen wie abgestorben, und Sie haben bisher keinen Weg gefunden, Ihnen überhaupt Ausdruck zu verleihen. Dann kann die Kunst Sie mit Ihrem Innersten in Berührung bringen, und es Ihnen leichter machen, zu weinen und sich in Ihren Schmerz fallen zu lassen.

Kreativ werden

Kunst als Heilmittel oder -methode hat zwei Seiten: Sie können Kunstwerke sowohl in sich aufnehmen als auch selbst gestalten. Beides hilft Ihnen wirksam. Es kann sein, dass jetzt die richtige Gelegenheit für Sie gekommen ist, selbst kreativ zu werden, ein Instrument zu erlernen oder zu singen – allein oder in einer Gruppe. Oder zu malen, zu zeichnen, zu schreiben …

Es spielt gar keine Rolle, ob Ihnen etwas gelingt und was dabei herauskommt. Wichtig ist nur, dass Sie den ersten Schritt wagen und beginnen, Ihre Stimmung und Ihre Gefühle auszudrücken und schöpferisch mit Ihrer Trauer umzugehen.

Probieren Sie sich aus. Legen Sie sich Leinwand und Farben zu, ein Skizzenbuch oder ein leeres Heft, vielleicht auch einen Fotoapparat, mit dem Sie Ihre Beobachtungen in der Natur festhalten können. Legen Sie einfach los. Entdecken Sie, was Ihnen Freude macht und guttut. Jeder Mensch ist kreativ.

Fangen Sie Feuer bei einer Ihrer Aktivitäten, haben Sie einen großen Schritt getan. Möchten Sie nun handwerklich besser werden, dann lernen Sie von anderen. Besuchen Sie einen Kurs an der Volkshochschule oder besorgen Sie sich Fachbücher.

Sport: Bewegung heilt

Die befreiende, ja geradezu beflügelnde Wirkung von körperlicher Bewegung nicht nur auf den Leib, sondern auch auf Geist und Seele ist eingehend beschrieben und bewiesen. Durch Sport lernen Sie durchzuhalten und Ihre Grenzen zu erweitern. Sie lernen mit Niederlagen umzugehen und diszipliniert zu sein. Schon ein zügiger Spaziergang bei Wind und Wetter vermag Geist und Seele zu »lüften« und zu befreien. Ob Sie gehen, laufen, schwimmen, reiten, segeln, rudern oder fahren, bleibt Ihnen überlassen. Hauptsache, Sie bewegen sich und kommen aus Ihren vier Wänden.

Bewegung bringt Kontakte

Sport bietet Ihnen neben dem Nutzen für die Gesundheit viele Möglichkeiten, mit anderen in Kontakt zu treten. Und der Umgang mit Menschen ist nötig, um Ihre soziale Kompetenz zu stärken, die ein wichtiger Baustein Ihrer Resilienz ist (siehe dazu Seite 29). In der Gemeinschaft mit anderen erleben wir uns als ein Teil eines Gefüges, entwickeln Mitgefühl und richten den Blick von uns weg auf die Bedürfnisse anderer. Schauen Sie, welche Sportvereine, Lauftreffs oder sonstigen Gruppierungen es in Ihrer Nähe gibt und was für Sie passen könnte. Gehen Sie unter die Leute und probieren Sie auch auf diesem Gebiet Neues aus.

Natur: Das Werden erleben

Auf die beruhigende und heilende Wirkung der Natur kann man gar nicht oft genug hinweisen. Sie müssen nicht weit gehen, um ein Stück Natur zu finden, das Sie in Verbindung bringt mit der Erde, auf der wir leben, und mit den großen Zusammenhängen unseres Daseins. Dazu reicht eine Pflanze oder ein einzelnes Tier schon aus. Die Abläufe in der Natur sind ein Bild für unser Leben. So wie nach

jedem Sonnenuntergang am nächsten Morgen der Sonnenaufgang kommt, so gibt es nach jedem Schmerz eine neue Hoffnung. So wie jedes Tier, und sei es noch so klein, seinen Platz und seine Aufgabe im Lebenskreis hat, so hat auch jeder von uns seinen Platz auf der Welt und seine Aufgabe in der Gesellschaft.

Von der Natur können Sie lernen, weil in ihr alles seinen Platz hat, ineinandergreift, eingebettet in Maß, Ordnung und Rhythmus. In der Natur zu sein beruhigt, tröstet, gibt Kraft und neue Ideen.

Eine Welt im Kleinen aufbauen

Und Sie können sich die Natur nach Hause holen. Ob Sie einen Garten oder Balkon haben oder Fensterbretter mit Topfpflanzen – die Beschäftigung mit Pflanzen hat etwas unmittelbar Anheimelndes und Tröstliches.

Schaffen Sie sich zum Beispiel einen Hund oder eine Katze an. Oder möchten Sie lieber Wellensittiche, Aquarienfische oder ein Terrarium? Für alle Ansprüche und jedes Platzangebot gibt es passende Möglichkeiten. Tiere verbreiten neue Lebendigkeit in Ihrem Zuhause, leisten Ihnen Gesellschaft und danken Ihnen die Fürsorge. Mit ihren Bedürfnissen und der Pflege gehen für Sie Aufgaben und Verrichtungen einher, die dabei helfen, dem Alltag einen sinnvollen Rhythmus zu geben.

»Die meisten Menschen wissen gar nicht, wie schön die Welt ist und wieviel Pracht in den kleinsten Dingen, in irgendeiner Blume, einem Stein, einer Baumrinde oder einem Birkenblatt sich offenbart…« (RAINER MARIA RILKE)

ANREGUNG: EIN GARTEN FÜR KÖRPER UND SEELE

Einen Garten zu bewirtschaften ist eine gute Therapie für Körper und Seele. Beim Arbeiten mit Pflanzen und Erde, mit Wasser und Sonne an der frischen Luft treten Kummer und Schmerz in den Hintergrund. Wenn nichts mehr ging, bin ich oft in meinen Garten gegangen und habe dort gegraben oder auf allen Vieren Disteln aus dem Rasen gestochen. Das hat mich abgelenkt und meinen Körper müde gemacht, sodass ich nachts besser schlafen konnte. Der Garten beruhigt mich. Nicht nur meine Traurigkeit, auch meine Wut und meine Verzweiflung kann ich dort wegarbeiten. Noch heute gehe ich in den Garten und ackere dort, wenn etwas mein Herz und meine Seele bedrückt. Und immer wieder finde ich dabei Trost und Anregung.

Gemeinschaft und Gesellschaft

In der Trauer sollten Sie nicht allein bleiben. Obwohl Sie mitunter für sich sein müssen und Ruhe brauchen, kann der Kontakt zu anderen sehr tröstlich sein. Gemeinschaft und Gespräche helfen über schwere Stunden hinweg. Wir haben ein Grundbedürfnis danach. An erster Stelle steht hier die Familie, aber auch Freunde, Bekannte und Nachbarn können gute Gesprächspartner sein.

Erinnern Sie sich an den Verstorbenen gemeinsam mit anderen, die ihn gekannt haben. Erzählen Sie einander die gemeinsamen Erlebnisse und besonderen Ereignisse. Rufen Sie jemanden an, wenn Sie sehr traurig sind, und schütten Sie einfach mal Ihr Herz aus. Je öfter Sie über das Leid sprechen, umso besser können Sie es verarbeiten. Allerdings sollten Sie dabei nicht zu viel von Ihren Mitmenschen erwarten. Verlassen Sie sich auf Ihre Menschenkenntnis und überfordern Sie niemanden.

WIE GEFÜHLE ENTSTEHEN: EIN PROZESS

Gefühle können blitzschnell auftreten, der Mechanismus ihrer Entstehung ist aber immer einer bestimmten Reihenfolge unterworfen. Nehmen wir es mal ganz genau: Gefühle infolge eines Ereignisses entstehen nicht direkt durch dieses. Am Anfang steht unsere Sinneswahrnehmung, dann erfolgt eine Bewertung, und erst aufgrund dieser inneren Reaktion melden sich die Emotionen.

Das ABC der Gefühle:

A. Die Sinne nehmen die Situation auf: Wie ist die Lage?
B. Die Gedanken vergleichen das Erlebnis mit unseren Erfahrungen und Erwartungen. Sie analysieren und bewerten die Lage.
C. Die Bewertung löst alles Emotionale aus. Erst jetzt kommen Gefühle ins Spiel.

Kein Gefühl ist zwangsläufig

Ein und dieselbe Situation kann ganz verschiedene Reaktionen auslösen. Je nachdem, wie Sie die Situation betrachten und bewerten, stellen sich die entsprechenden Gefühle ein. So kann ein Trauerfall sehr unterschiedliche Gedanken und Gefühle hervorrufen. Verbinden Sie den Tod mit der Hoffnung auf ein schönes Leben danach, werden Sie anders reagieren als jemand, für den mit dem Sterben alles aus, vorbei und hinfällig ist. Notwendig ist der Jenseitsglaube nicht unbedingt. Den Tod als von der Natur gewollten Abschluss und die Vollendung des irdischen Lebens zu verstehen kann auch ein tröstlicher Gedanke sein.

Gefühle sind immer das Ergebnis von Denken und Handeln. Bewältigen Sie Ihre Trauer, indem Sie aktiv werden. Überlegen Sie, was Sie von den genannten Dingen tun möchten, und gehen Sie dann den ersten Schritt.

ANREGUNG: **MEDITATION ZUR GEFÜHLSREINIGUNG**

Meditation bedeutet der Wortherkunft nach, sich in seine eigene Mitte zu begeben. Dabei soll die äußere Welt mit der inneren in Verbindung und in Einklang gebracht werden. Regelmäßiges Meditieren wirkt entspannend, ausgleichend und korrigierend. Sie steigern damit Ihre Konzentrationsfähigkeit und lernen sich selbst besser kennen und schätzen. Der Kontakt mit Ihrer inneren Welt bringt Ruhe und Gelassenheit in Ihr Leben.

Um Ihre Gedanken nach einem Trauerfall zu ordnen und den Schmerz zu bewältigen, sollten Sie täglich einige Minuten in sich gehen. Nehmen Sie dazu eine möglichst bequeme Haltung ein. Beginnen Sie mit einer einfachen Abwandlung der Atemübung zur Achtsamkeit (siehe Seite 34).

- Legen Sie Ihre Hände auf Ihren Bauch, atmen Sie durch den Mund aus und ziehen dabei Ihren Bauch ein, bis keine Luft mehr ausströmt. Zählen Sie bis drei und halten Sie dabei den Atem an. Nun lassen Sie langsam wieder frische Atemluft durch die Nase einströmen. In den Bauch hinein. Spüren Sie, wie sich die Bauchdecke unter Ihren Händen hebt.
- Wiederholen Sie die Übung drei Mal und konzentrieren Sie sich ganz darauf.
- Schließen Sie nun die Augen und lassen Sie zunächst Ihre Gedanken frei fließen. So bekommen Sie einen Eindruck davon, was Sie im Innersten bewegt. Betrachten Sie unbefangen die Bilder, die in Ihrem Kopf entstehen. Anfangs werden es Bilder der Trauer sein. Aber nach und nach können Sie korrigierend eingreifen, indem Sie diese nicht mehr beliebig kommen und gehen lassen, sondern gezielt über bestimmte Dinge nachsinnen.
- Richten Sie Ihre Gedanken auf eine positive Zukunft, auf das, was Ihnen bei allem, was Sie erleiden mussten, doch noch ein wenig Freude bereiten kann. Wenn Ihnen in der Meditation ein wohltuender Gedanke kommt, dann halten Sie ihn fest und denken sich in ihn hinein.

Diese Übung wird Ihnen immer wieder ein wenig neue Kraft geben, Ihren Weg zu finden und zu gehen.

WEGTRÄUMEN UND VISUALISIEREN

Ihre innere Welt, Ihre Träume und Hoffnungen gehören Ihnen allein. Auch wenn Sie es wollten, könnten Sie niemandem Zutritt dazu gewähren und unmittelbaren Anteil geben. In dieser Welt können Sie durch Imagination sowohl Vergangenes zurückholen als auch durch Visualisierung Zukünftiges entstehen lassen.

Was um Sie her geschieht, alles was Sie sehen, spüren, riechen, schmecken und hören, vereint sich in Ihrem Gehirn zu einem einzigartigen Bild. Sie gestalten durch Ihre Wahrnehmung laufend Ihre eigene, individuelle Wirklichkeit. Das trifft auf den Wachzustand genauso zu wie auf Träume im Schlaf. Das ABC der Gefühle (siehe Seite 89) zeigt, dass ein und dasselbe Ereignis von Mensch zu Mensch völlig unterschiedlich wahrgenommen werden kann. Während sich etwa ein Bauer nach langer Trockenheit über den notwendigen Regen freut, wird derselbe Regen einem Strandurlauber eher die Laune verderben.

Die Gedanken beherrschen, und die Gefühle

Wir haben nur begrenzten Einfluss auf unsere Umwelt, unser Schicksal und unseren Lebensweg. Manches müssen wir einfach hinnehmen. Aber auf unsere Gedanken und Gefühle, auf die Bilder in unserem Kopf haben wir uneingeschränkten Zugriff und Einfluss. Ein gesunder Mensch ist im Prinzip in der Lage, das zu denken, was er denken will. Er beherrscht seine Gedanken, und sie müssen ihm gehorchen.

Positive Tagträume wirken in zweierlei Hinsicht. Zum einen können sie Sie kurzzeitig aus Ihrem Alltag und den belastenden Gefühlen herausholen. Zum anderen stellen sie Ihnen ein plastisches Bild Ihrer Zukunft vor Augen, das Sie dazu ermutigen kann, zu handeln und den nächsten Schritt zu gehen. Dieses Erschaffen innerer Bilder heißt Visualisieren. Diese Technik wird in der Entspannungstherapie und zum Motivationstraining genutzt.

Befreiung durch Tagträume

Um zeitweilig aus der Trauersituation herauszutreten, können Sie sich in Ihre innere Welt zurückziehen. Es ist inspirierend und erholsam, sich hin und wieder aus dem Alltag und der Gegenwart wegzuträumen. Sie gehen dabei gedanklich in eine Welt ein, in der sich Ihre Sehnsüchte erfüllen und Ihr Verlangen gestillt wird. Tagträume sind ein Ausdruck dessen, was Sie im Innersten bewegt.

Sie können in einer Entspannungstherapie Bilder visualisieren, die Sie an sonnige Orte bringen und damit zunächst gedanklich und dann auch körperlich in tatsächliche Entspannung versetzen.

ANREGUNG: **IMAGINATIONSÜBUNG**

Gehen Sie gedanklich an Schauplätze zurück, an denen Sie eine sehr große Nähe zu dem Verstorbenen empfunden haben. Rekapitulieren Sie die Momente Ihres Lebens, in denen der andere es bereichert hat. Denken Sie daran zurück, wie Sie sich kennengelernt haben. Wie kam der andere auf Sie zu? Wie war der Augenblick, in dem Sie merkten, dass der andere jemand ganz Besonderes für Sie ist? Was hat in Ihnen die Liebe ausgelöst? Wodurch fühlten Sie sich besonders geborgen und angenommen? Fühlen Sie sich wieder in diese Stimmungen hinein. Suchen Sie diese Orte und Zeiten in Ihrem Inneren wieder auf. Sie gehören zu Ihrem gelebten Leben. Durchleben Sie die Momente, aus denen Sie auch jetzt noch immer wieder Kraft und Zuversicht schöpfen können. So erkennen Sie den Reichtum Ihres Lebens, die Liebe, die Sie gegeben und empfangen haben, und das Glück, das Sie erleben durften.

> *»Unsäglich Schweres wird von mir verlangt.*
> *Aber die Mächte, die mich so verpflichten,*
> *sind auch bereit, mich langsam aufzurichten,*
> *so oft mein Herz, behängt mit den Gewichten*
> *der Demut, hoch in ihren Händen hängt.«*
>
> (RAINER MARIA RILKE)

Plötzlich spüren Sie die Sonne auf der Haut, riechen das Meer und hören die Wellen rauschen. Das kann sogar ein intensiveres Erlebnis für Sie sein, als tatsächlich am Strand zu liegen.

Vorwärts träumen

Dass Ihre Zukunft ihre schönen Seiten haben wird, werden Sie im Moment vielleicht noch nicht zu glauben bereit sein. Dazu hat Sie der erlebte Verlust womöglich noch zu stark im Griff. Möglicherweise liegen viele glückliche Jahrzehnte mit Ihrem Partner hinter Ihnen. Vielleicht haben Sie Ihr geliebtes Kind verloren.

Aber in Ihren Träumen ist alles möglich! Vieles von dem, was Sie sich vorstellen und gedanklich vorbereiten, werden Sie in die Wirklichkeit holen können. Sie wissen jedenfalls, dass Ihre Zukunft radikal anders sein wird. Aber Ihr Platz ist nach wie vor unter den Lebenden! Nutzen Sie Ihre Zeit! Auch Sie haben nichts anderes.

Auch Ihre Zeit auf Erden ist begrenzt. Versuchen Sie hin und wieder, sich gedanklich von den Schmerzen und dem Schweren zu lösen. Gehen Sie an einen stillen Ort und lassen Sie Ihren Gedanken freien Lauf. Welche Bilder kommen in Ihnen auf?

Entwickeln Sie einen Tagtraum für Ihr künftiges Leben und lassen Sie diesen wie einen Film immer wieder vor Ihrem inneren Auge ablaufen. Beobachten Sie, welche Gefühle dabei in Ihnen aufkommen und wie es Ihnen danach geht. Es sollte Ihnen besser gehen als vorher. In Ihrem Tagtraum kann natürlich auch der Verstorbene auftreten. Vielleicht gehen Sie im Traum ein Stück mit ihm. Sie können mit ihm reden und mit ihm Ihre Gedanken teilen. Dies könnte ein imaginärer Ort sein, an dem Sie den Toten treffen und Gemeinschaft mit ihm erleben. Sie können zum Abschied eine erneute Verabredung treffen und mit reinem Gewissen zurück in Ihren Alltag, in Ihre Wirklichkeit gehen.

Die Zukunft liegt in Ihrer Innenwelt

Tagträume können sowohl Trost spenden als auch motivieren. In Träumen entwickeln Sie die Bilder Ihrer Zukunft. Alles Wollen und Tun beginnt im Kopf, also in der inneren Welt. Hier entstehen die Gedanken, die Sie dann durch Worte oder Taten Wirklichkeit werden lassen können.

Den Erfolg vorwegnehmen

Beim beruflichen Motivationstraining visualisieren die Teilnehmer zum Beispiel ihre künftigen Erfolge und wie es sich anfühlt, ein Ziel erreicht zu haben. Verschiedene Strategien und Schritte werden in Gedanken durchgespielt.

Eine große Rolle spielt diese Technik auch als Trainingsmethode im Leistungssport. Hochspringer visualisieren vor dem Start gedanklich jede einzelne Bewegung, die sie gleich ausführen werden. Skirennläufer fahren in Gedanken die ganze Strecke durch und nehmen mit geschlossenen Augen ihren Bewegungsablauf vorweg. So bereiten sich Sportler körperlich und mental optimal vor, gewinnen an Sicherheit und erzielen vor allem bessere Zeiten und Leistungen. Das ist heute übliche Trainingspraxis im professionellen Spitzensport. Davon können auch Sie profitieren.

Im Zentrum: Ihr Leben

Die Grundlage für Ihr Reden und Handeln ist Ihr Denken. Deshalb sind die Gedanken der Ort, an dem Ihre Zukunft entsteht. In Ihrem Kopf und nur dort entscheiden Sie heute, wie Sie morgen leben werden. Während der Trauer helfen Ihnen Tagträume, sich ein Bild davon zu machen, wie Ihre Zukunft aussehen könnte. Sie haben einerseits Mitleid mit dem Verstorbenen, leiden aber auch selbst, weil Sie es sind, der die Trauer ertragen muss. Darum stehen Sie hier im Mittelpunkt. Denn Sie sind der Mensch, der weiterleben darf und muss. Ihr Leben ist es, das es zu gestalten gilt. Nehmen Sie sich deswegen immer wieder Zeit, um über sich selbst nachzudenken und Ihre Zukunft zu erträumen und zu entwickeln.

»Wie Samen, die unter der Schneedecke träumen,
träumen eure Herzen vom Frühling.
Vertraut diesen Träumen, denn in ihnen verbirgt sich
das Tor zur Unendlichkeit.« (KHALIL GIBRAN)

Beim Visualisieren eines Bildes Ihrer Zukunft können Ihnen die folgenden Fragen helfen. Gehen Sie in sich und erforschen Sie Ihre Träume und Wünsche in Bezug auf sich selbst. Ihre Antworten führen zu Ansatzpunkten für die Gestaltung der Zukunft.

- Welches Bild haben Sie von sich als Mensch?
- Wer sind Sie und wer wollen Sie sein?
- Fühlen Sie sich wohl in Ihrer Haut?
- Wären Sie lieber anders?
- Was treibt Sie an?
- Was ist Ihnen wichtig?
- Welche Bedeutung hat der Verstorbene bei diesen Aspekten?

VOM SOLL ZUM HABEN

Machen Sie eine Tabelle mit zwei Spalten. Tragen Sie zu allen Aspekten, die für Sie von Bedeutung sind, in die eine das »Ist« und in die andere das von Ihnen gewünschte »Soll« ein – etwa wie in dem folgenden Beispiel. Visualisieren Sie jeweils die erreichte Zielsituation in der Zukunft.

Das Morgen anvisieren

Ist: Gegenwart	Soll: Zukunft
müde, ausgelaugt	stark, frei
traurig	lebensfroh
antriebslos	unternehmungslustig
melancholisch	heiter
ängstlich, panisch	zuversichtlich
wütend, zornig	gelassen, ruhig
zurückgezogen	kontaktfreudig
gleichgültig	interessiert

Gegenwart verändern, Entwicklung zulassen

Wenn Sie Ihre Zukunft in Gedanken vorbereiten, wird sich Ihr gegenwärtiger Schmerz verändern. Obwohl die Trauer ihrer Natur nach auf die Vergangenheit gerichtet ist, führt sie Sie vom Verstorbenen weg zum Trauernden selbst.

Das ist eine langwierige Entwicklung, und möglicherweise können oder möchten Sie im Augenblick noch nicht an die Zukunft denken, weil Ihre Trauer es nicht zulässt. In diesem Fall kommen Sie später darauf zurück, wenn Sie merken, dass in Ihnen der Wunsch wächst, wieder einen geregelten Alltag zu haben. Bis dahin kann Ihnen die Visualisierung immerhin helfen, das zu tun, wozu es Ihnen an Elan fehlt. In Gedanken die nächste

Handlung durchzugehen hilft Ihnen, eine Antriebsschwäche zu überwinden. Sehen Sie mit Ihrem inneren Auge, was Sie als Nächstes tun werden. Absolvieren Sie sie im Kopf Schritt für Schritt und beobachten Sie, wie Sie die Aufgabe bewältigen. Danach wird es Ihnen leichter fallen, sich aufzuraffen und anzupacken.

Eine Tagesordnung aufstellen

Generell ist es vorteilhaft, die Aufgaben jedes Tages im Vorhinein zu visualisieren. Damit bereiten Sie sich optimal vor, und dank dieses überlegten Vorgehens setzen Sie die richtigen Prioritäten.

Das Gedachte dann in die Tat umzusetzen, dabei kann Ihnen eine einfache To-do-Liste helfen, auf der Sie die wichtigsten Tagesordnungspunkte notieren. Damit verhindern Sie Versäumnisse und haben die Gewähr, dass Sie Ihr Leben aktiv gestalten und sich nicht treiben lassen. Sie konzentrieren sich besser und erhalten einen Überblick darüber, wie Sie Dinge planen und umsetzen.

Haken Sie die Aufgaben nach ihrer Erledigung ab. So gehen Sie nicht achtlos über Ihre erreichten Zwischenziele hinweg, sondern nehmen die kleineren und größeren Meilensteine bewusst wahr. Gehen Sie gerecht mit sich selbst um. Das kann Ihnen das nötige Selbstvertrauen und den Mut schenken, nicht aufzugeben.

Suchen Sie in allen Lebensbereichen einen realistischen Mittelweg zwischen Passivität und Selbstüberforderung. Bestimmen Sie laufend Ihren Standort und korrigieren Sie den Kurs.

Die Frage der Schuld

Ihr Gewissen sagt Ihnen instinktiv, was richtig und was falsch ist. Jeder Mensch kann gut und böse unterscheiden. Schuld ist und bleibt ein Thema aller Menschen – auch außerhalb der Religionen. Es gibt bestimmte Werte und Moralvorstellungen, auch wenn sich nicht jeder diesen unterwirft. Das Unterbewusstsein bewertet im Normalfall sofort, ob eine Handlung richtig oder falsch ist.

HÄTTEN SIE ES VERHINDERN KÖNNEN?

Geschieht ein Unglück, analysieren wir den Vorgang, ob wir das wollen oder nicht: »Wie konnte das nur passieren?« Wir wollen das Geschehen begreifen und fragen sofort nach dem Schuldigen: »Wer hat das zu verantworten?«

Bei einem Todesfall kommen meist Gefühle von Verletzung und Versagen auf. Auch die Frage danach, was falsch gelaufen ist. Verletzungen, die Ihnen der Verstorbene zugefügt hat, können ebenso eine Rolle spielen wie ein Versagen Ihrerseits.

Menschen verletzen

Ob wir es wollen oder nicht – unser Handeln bewirkt nicht immer nur Gutes, und wir erkennen oft zu spät, was wir falsch gemacht haben. Manchmal erkennen wir unsere Fehler überhaupt nicht, aber die Verletzung beim anderen ist trotzdem da.

Wie können Sie mit Verletzung und eigenem Versagen umgehen? Was können Sie tun, wenn Ihr Gewissen Sie drückt oder wenn die eigenen Verletzungen so groß sind, dass Sie an den Verstorbenen nur mit Hass und Zorn denken können?

Beides, sowohl vom Verstorbenen erlittene als auch von Ihnen begangene Verletzungen, beeinträchtigt Ihr Wohlbefinden und

Ihre Lebensfreude. Es ist kein glückliches Leben möglich, wenn Sie diese Dinge nicht ausräumen. Sie können nicht frei sein, wenn Sie zwischen Schuldgefühlen auf der einen und Vorwürfen auf der anderen Seite eingeklemmt sind. Und ohne innere Freiheit können Sie kein erfülltes und selbstbestimmtes Leben führen.

Trifft Sie eine Schuld?

Schnell kommen Fragen auf wie: »Was habe ich damit zu tun?«, »Habe ich irgendwann eine falsche Entscheidung getroffen?«, oder »Hätte ich das Unglück verhindern können?«

Sie wollen die Geschehnisse verstehen. Das ist eine normale menschliche Regung. Sie wollen genau wissen, was passiert ist und warum. Bleiben wichtige Fragen im Zusammenhang mit dem Sterbefall ungeklärt, können sie einen jahrelang umtreiben. Auch eine mögliche eigene Beteiligung am geschehenen Unglück muss aufgeklärt werden.

Versuchen Sie deshalb die Ereignisse, so gut es geht, zu rekonstruieren. Holen Sie verschiedene Meinungen und Ansichten ein. Wen könnten Sie dazu befragen? Wer war dabei oder weiß mehr als Sie? Vielleicht ein Arzt, eine Krankenschwester, die Polizei oder Augenzeugen? Reden Sie mit möglichst vielen Menschen und versuchen Sie sich das Geschehene zu verdeutlichen. Beleuchten Sie das Unglück aus den unterschiedlichsten Perspektiven.

»Schicksalsschläge lassen sich ertragen –
sie kommen von außen, sind zufällig.
Aber durch eigene Schuld leiden –
das ist der Stachel des Lebens.« (OSCAR WILDE)

Das Geschehen genau ausleuchten

Versuchen Sie dann, Ihre eigene Rolle realistisch in die Kausalkette einzuordnen. Ihre eigene Einschätzung, Ihr Gefühl und Ihre Selbstwahrnehmung können Sie sehr täuschen. Darum ist es wichtig, mit anderen darüber zu sprechen. Das kann Ihnen unter Umständen die Augen dafür öffnen, dass Sie sich die Last der Schuld grundlos auferlegen. Womöglich erkennen Sie, dass Sie nichts dafür konnten und dass Sie keinerlei Schuld trifft. Das wird Ihr Gewissen erleichtern und Ihnen innere Ruhe schenken.

Eigene Schuld anerkennen

Vielleicht ist das Ergebnis aber anders, und Sie müssen sich eingestehen, dass Sie Fehler gemacht haben und dass diese schlimme Folgen für das Leben des anderen hatten. Eigene Mitverantwortung zu erkennen und einzugestehen ist schwer. Doch nur wenn Sie ehrlich zu sich selbst sind und Fehlverhalten und Versäumnisse Ihrerseits anerkennen, können Sie wieder frei und offen leben.

Der erste Schritt zur Wiedergutmachung und letztlich zur eigenen inneren Freiheit ist, schuldhaftes Verhalten zu erkennen und zuzugeben. Weisen Sie alle Schuld von sich, werden Sie hart und kalt, leben unter Zwängen, mit einer Lebenslüge und einer seelischen Belastung. Ein glückliches Leben ist so nicht möglich.

Bedenken Sie, dass niemand unfehlbar oder allwissend ist. Fehler gehören zum Menschsein wie das Atmen. Manche Entscheidungen müssen Sie treffen, auch wenn Sie deren Folgen nicht abschätzen können. Möglicherweise hat der Todesfall tatsächlich mit einer Entscheidung zu tun, die Sie getroffen haben. Sie werden die Situation in Gedanken immer wieder durchgehen, den Ablauf des Tages nachvollziehen, an dem der Tod eingetreten ist. Immer wieder werden Sie sich fragen: »Warum habe ich so und nicht anders entschieden?« Ihr Gewissen ist belastet, die Ruhe dahin.

Ob beziehungsweise welchen Anteil Sie am Hergang des Todesfalls haben, wird für Ihre Trauerarbeit eine große Rolle spielen. Zu der Trauer um den Verlust kann das Schuldgefühl wegen des eigenen Versagens treten. Dadurch wird die Situation noch unerträglicher. Aber sie ist nicht aussichtslos!

Schuld und Suizid

Eine besondere Belastung für die Hinterbliebenen tritt mit einem Suizid ein. Mit dem absichtlich herbeigeführten Tod ist noch viel schwieriger umzugehen. Die Schuldfrage stellt sich hier ganz besonders, denn wer weiß, ob das Sterben unumgänglich war.

Eine Verzweiflungstat

Jedem Suizid liegt eine besondere Verzweiflung zugrunde. Der Betroffene sieht seine Situation als aussichtslos und hat keine Lebensfreude mehr. Oft ist ein langer Leidensweg vorausgegangen. Körperliche oder geistige Beeinträchtigungen, Erschöpfung oder chronische Schmerzen können einen Menschen so zermürben, dass er im Tod den einzigen Ausweg sieht. Auch Schuld, Scham, Konflikte und anderes kann Auslöser einer Verzweiflungstat sein.

Todsünde oder Selbstbestimmung

Heute ist die Selbsttötung nicht mehr so stigmatisiert wie früher, als so genannte Selbstmörder wegen ihrer Todsünde aus der Gesellschaft ausgegrenzt wurden. Sie bekamen keinen Platz auf dem Friedhof, sondern wurden außerhalb der Stadtmauern unwürdig auf dem Schindanger verscharrt.

Heute ist ein Freitod vor allem verstörend für die Mitmenschen. Wer das Leben nicht mehr erträgt, dem ist wohl oft nicht klar, wie sehr und wie nachhaltig seine Tat das Leben der anderen vergiftet

und zerstört. Der Suizid beendet nicht nur ein Leben, sondern bricht viele andere. Eheleute, Kinder, Enkel und völlig Unbeteiligte, etwa Passanten oder Lokführer, werden katastrophal traumatisiert.

DIE TAT ALS VORWURF, DER TOD ALS RACHE

In manchen Fällen muss man die Verletzung und Belastung der Mitmenschen als beabsichtigte oder gebilligte Folge des Freitods sehen. Die Grenze zwischen Hass und Selbsthass, zwischen Aggression und Selbstaggression verschwimmt. Die in der Schockreaktion der anderen liegende Anteilnahme und ihr schlechtes Gewissen werden als Ersatz für vermisste Wertschätzung missbraucht. Der in der Tat liegende ungeheure Vorwurf soll das subjektiv Fehlende erzwingen und Kränkungen bestrafen. Alle Schuld am persönlichen Unglück wird anderen aufgebürdet. Die Erkenntnis dieses Unrechts kann zwar keinen Trost bieten, aber vielleicht etwas rationale Distanz herstellen und die Verarbeitung erleichtern.

Schuld ist relativ

Angehörige werden sich immer fragen, ob oder warum sie keine Warnsignale bemerkt haben und ob sie etwas hätten tun können, um den Suizid zu verhindern. Aber unter Menschen gibt es immer Versäumnisse und Verletzungen. Jeder hat schon mit Worten und Taten anderen wehgetan, und jeder wird von anderen verletzt. Das gehört zum Leben in der Gemeinschaft. Bei allen Bemühungen um Liebe und Menschenfreundlichkeit bleibt der stärkste Motor doch der Egoismus. Es bleibt eine lebenslange Aufgabe, das Gute zu tun und das Böse zu vermeiden.

Nach einem Suizid ist es besonders nötig, barmherzig mit sich und dem Verstorbenen zu sein. Beziehen Sie die Tat nicht auf sich. Viele Gründe und Umstände können dazu führen, dass jemand den Tod dem Leben vorzieht. Der Mensch ist frei in seinem Willen. Dieser muss respektiert werden, so schwer es auch ist. Sie können nur für sich selbst aus der Erstarrung, die so ein Trauma hinterlässt, heraustreten und Ihrem Leben den Vorzug geben.

Verzagen Sie nicht

Gestehen Sie sich immer wieder zu, dass Sie sich im Moment in einem wirklich tiefen und dunklen Tal befinden. Und auch wenn die Wunden heilen, werden Narben bleiben und manchmal schmerzen. Sie werden sich durch die Trauer verändern. Ob zum Guten oder nicht, das liegt zu einem großen Teil bei Ihnen.

Ihr Gewissen ist belastet

Es ist heute nicht in Mode, Fehler einzugestehen. Wer schlau ist, der leugnet. Politik und Gesellschaft führen uns ständig öffentlich vor, wie man über schuldhaftes Verhalten achselzuckend oder eiskalt hinweggeht, als wäre nichts geschehen. Je dreister man sich und andere belügt, umso besser.

Selbstvorwürfe mögen nicht zeitgemäß sein, aber das Gewissen spielt da nicht mit. In unserem Innersten gibt es immer noch einen Maßstab, an dem das eigene Handeln gemessen wird. Menschen, die versuchen, die Stimme ihres Gewissens zu unterdrücken und zum Schweigen zu bringen, können nicht mehr authentisch sein. Sie werden unglaubwürdig und wirken schließlich auch so.

Die Fehler bekennen

Wenn Ihr Gewissen zu Ihnen sprechen sollte, dann hören Sie am besten gut hin! Denn es kann durchaus sein, dass Sie schwerwiegende Fehler im Zusammenleben mit dem Verstorbenen gemacht haben, die Ihnen jetzt unendlich leid tun. Das ist sogar

sehr wahrscheinlich. Mit Menschen zusammenzuleben bedeutet nun einmal, verschiedene Ansichten und Meinungen unter einen Hut zu bringen. Sie müssen zwischen den unterschiedlichsten Interessen, Wünschen und Zielen einen Konsens finden, einen für beide gangbaren Weg. Und in sehr vielen Lebenslagen gibt es nur zwei Möglichkeiten der Entscheidung: Entweder der eine setzt sich durch oder der andere. Da gibt es immer Auseinandersetzungen, wenn nicht Streit oder gar Nervenkrieg.

Je größer die Nähe war, die Sie miteinander erleben durften, umso größer waren unter Umständen auch die Reibungsflächen. Aber Konflikte entwerten die Liebe nicht.

Das Gewesene reflektieren

Denken Sie über das Verhältnis zwischen sich und dem Verstorbenen nach. Waren Sie derjenige, der eher nachgab, oder derjenige, der sich durchsetzte? Neigen Sie zu Verhaltensweisen, die andere Menschen verletzen? Sind Sie beispielsweise egoistisch, zügellos, lieblos oder geizig? Haben Sie dem Verstorbenen damit wehgetan? Was würden Sie heute anders machen?

Mit Schuld leben

Es gibt nicht immer die Möglichkeit, Fehler und Versagen wiedergutzumachen. Insbesondere bei einem Todesfall bleiben die Angehörigen zurück mit all den unausgesprochenen Worten, mit allen ungelösten Problemen, versäumten Gelegenheiten und offenen Fragen. Die eigene Schuld auf Seiten der Hinterbliebenen kann sehr groß sein oder jedenfalls als sehr groß empfunden werden. Zerstörerische Gedanken können quälen. Manche machen sich die allerschlimmsten Selbstvorwürfe und wissen gar nicht mehr, wie sie mit dieser Gewissenslast weiterleben sollen.

> *»Das, was wir ein böses Gewissen nennen,*
> *ist ja immer ein gutes Gewissen.*
> *Es ist das Gute, was sich in uns erhebt und uns*
> *bei uns selber verklagt.«* (THEODOR FONTANE)

Schon unzählige Menschen vor Ihnen wurden von schlechtem Gewissen gegenüber einem Verstorbenen umgetrieben. Während heute diesem Aspekt kaum noch Raum zugestanden wird, hat man sich früher sehr viele Gedanken darüber gemacht. Im Mittelalter war eine zentrale Frage: »Wohin mit meiner Schuld?«

Auge um Auge, Zahn um Zahn

Die Antwort lag zumeist in der Religion. Der Sühnegedanke spielte eine enorme Rolle. Für Schuld musste der Mensch bezahlen; nur dann wurde er sie los. Dieses Gefühl haben wir im Grunde heute noch. Wir denken: »Recht so, wenn es mir schlecht geht. Das habe ich verdient.« Aber diese Art der Selbstverdammung ist ebenso falsch wie das Leugnen der Schuld. Niemand soll unglücklich und unfrei sein und ein belastetes Gewissen haben. Wir können unser Gewissen reinigen.

Es ist nicht zu spät

Für einen nichtreligiösen Menschen steht ebenso wie für einen frommen der Weg der »Wiedergutmachung« offen. Sie können versuchen, anderen Menschen das zu geben, was Sie dem Verstorbenen hätten geben sollen. Sie können auch versuchen, an den schlechten Charaktereigenschaften zu arbeiten, die Sie sich vorwerfen. Bemühen Sie sich, ein besserer Mensch zu werden – auf ganz profane Weise, wenn Sie nicht gläubig sind.

Auch in den meisten Konfessionen ist es eine zentrale Aufgabe, ein besserer Mensch zu werden. Fehlverhalten – in den Kategorien der Moral ausgedrückt: Sünde und Schuld – trennt uns von Gott und wird bestraft durch Tod und Verdammnis. So streben die Menschen verschiedenster Religionen danach, Gott zu gefallen, indem sie sich bemühen, das Richtige zu tun. Aber das ist nicht einfach, denn das Fernziel ist nichts Geringeres als der Traum von der Vollendung des Menschseins in Liebe und Güte, ohne Neid und Hass.

Stark durch den Glauben

Im Christentum liegt die Rettung in der Erlösung, im stellvertretenden Tod Jesu am Kreuz. Er litt und starb für unsere Schuld. Jedem Menschen, dem der Glaube daran gegeben ist, sind seine Sünden vergeben. Das Christentum bietet als einzige Religion dieses Modell der Vergebung. Für die Schuld des Sünders ist bereits bezahlt worden. Menschen, die sich darauf einlassen und das für sich in Anspruch nehmen können, sind sehr zu beneiden; sie leben gelassener und glücklicher.

Im Dialog – mit sich und dem Toten

Es wird sich in den Tagen der Trauer nicht vermeiden lassen, intensiv nachzudenken. Sie stellen Betrachtungen an über den Verstorbenen, über sich selbst, über das Leben und den Tod und alle möglichen Bezüge und Zusammenhänge. Selten gehen einem so unterschiedliche und existenzielle Gedanken durch den Kopf wie in einer Periode der Trauer. Das ist gesund und richtig, und Sie sollten sich jetzt die Zeit dafür nehmen.

Halten Sie Zwiesprache mit sich selbst. Sie können auch innere Zwiesprache mit dem Verstorbenen halten, indem Sie ihn in Ihren Gedanken ansprechen. Oder Sie halten Zwiesprache mit Gott –

nach langer Zeit wieder oder sogar zum ersten Mal. Bewegen Sie in Gedanken hin und her, was Sie belastet, was Sie nicht verstehen, was Sie verwirrt und schmerzt.

Das »Warum?« hilft nicht weiter

Auch wenn Sie sich im Hinblick auf den Tod des anderen nichts vorzuwerfen haben, werden Sie sich fragen, warum all das passieren konnte, wer dafür verantwortlich ist, warum es ausgerechnet Sie getroffen hat und nicht einen anderen, der es eigentlich mehr »verdient »hätte. Oft kommt hier Gott ins Spiel wegen der Frage, warum Er das zugelassen hat, wo Er doch angeblich gerecht ist.

Solche Fragen können uns mehr umtreiben als alles andere. Gerechtigkeit ist ein wichtiges Thema für den Seelenfrieden. Der Verlust ist so unfassbar, dass wir nach Gründen suchen oder nach einem Schuldigen, um aus der Fassungslosigkeit herauszukommen. Aber kaum jemals wird Ihnen jemand diese Not bewusst angetan haben. Trost kann für Sie nicht in der Suche nach Antworten auf die unlösbare Warum-Frage liegen, sondern in der Dankbarkeit für die Gemeinschaft, die Sie erleben durften, und in der Hoffnung auf eine erfüllende Zukunft.

ANREGUNG: **SICH DEN GEDANKEN STELLEN**

Wenn ein Gedanke kommt, nehmen Sie ihn willig an und denken ihn bis zum Ende durch, auch wenn es um ein für Sie belastendes Thema geht. Dann lassen Sie den Gedanken wieder gehen. Befragen Sie Ihr Gewissen. Was will es Ihnen sagen? Reagieren Sie darauf, indem Sie vermeintliche Schuld loslassen und reale bekennen. Kommen Sie in Kontakt mit Ihrem tiefsten Inneren, mit Ihren Sehnsüchten, mit Ihrem Schmerz, mit Ihrer Liebe.

WAS HAST DU MIR ANGETAN!

Das Gefühl der Verlassenheit kann dazu führen, dass Sie Aggressionen gegen denjenigen entwickeln, der von Ihnen gegangen ist. Das ist – vom Fall eines Suizids abgesehen – in diesem Moment paradox, aber es handelt sich um einen natürlichen Reflex. Verlassenheit ist ein sehr urtümliches Gefühl, und nach Ihrer bisherigen Erfahrung war es immer dem freien Willen des anderen unterworfen, ob er Sie verließ oder bei Ihnen blieb. Sie kannten es nur so. Der Verstand lässt Sie jedoch einsehen, dass der Tod stärker war als der freie Wille des Verstorbenen.

Schuld auf Seiten des Verstorbenen?

Der Verstorbene trug möglicherweise zu Lebzeiten Ihnen gegenüber eine Schuld. Ist er seiner Verantwortung für Ihr Zusammenleben gerecht geworden oder hat er sich schuldig gemacht?

Ähnlich wie mit Ihrer möglichen eigenen Schuld verhält es sich auch mit Verletzungen, die Ihnen der Verstorbene eventuell zugefügt hat. Sie können Sie noch im Nachhinein belasten und Ihnen die Lebensfreude und den Lebensmut rauben. Grundsätzlich gibt es in jedem Zusammenleben größere und kleinere Verletzungen, die man einander antut. Das ist normal. Wo zwei Menschen ihr gemeinsames Leben gestalten, gibt es oft zwei Meinungen oder mehr, und es ist nicht immer leicht, diese in Übereinstimmung zu bringen, wenn Entscheidungen getroffen werden müssen.

Eventuell hat der Verstorbene Sie tief verletzt. Solche Verletzungen können von ganz verschiedener Art sein. Manche geschehen subtil und unbewusst, vielleicht ganz ohne böse Absicht. Erst wenn sich Folgen eingestellt haben, merken die Betroffenen, dass etwas an der Beziehung nicht stimmt.

MISSHANDLUNGEN SIND HÄUFIG

Missbrauch und häusliche Gewalt, ob körperlich oder seelisch, spielen häufiger eine Rolle in zwischenmenschlichen Beziehungen, als wir wahrnehmen oder zugeben wollen. Statistiken sagen, dass es in Deutschland heute in jeder dritten Partnerschaft zu Gewalt oder Missbrauch kommt!

Sind Sie verletzt worden?

In vielen Fällen spielt Manipulation eine Rolle. In Beziehungen zwischen Eltern und Kindern oder unter Partnern sind unterschwellige Manipulationen besonders schwer zu erkennen. Um dem anderen einen Gefallen zu tun und seine Zuneigung nicht zu verlieren, stellt ein Partner laufend seine Ansprüche zurück und gibt sich nach und nach selbst auf. Standen Sie unter Druck oder Zwang Ihres Partners? Hat er Ihre Würde missachtet? Hat er Sie gekränkt, beleidigt, misshandelt oder missbraucht?

Haben Sie in Ihrer Beziehung verlernt, eine eigene Meinung zu behalten und selbst Entscheidungen zu treffen? Fühlen Sie sich abgewertet, unselbstständig und verängstigt? Dann ist jetzt die Zeit gekommen, wieder zu sich selbst zu finden und Ihre eigenen Wünsche neu zu entdecken.

Hat es in Ihrer Beziehung zum Verstorbenen irgendeine Art von Gewalt gegeben? Der erste Schritt zur Heilung ist auch dann, dass Sie sich die Tatsachen eingestehen. Denn oftmals schämen sich die Opfer mehr als die Täter. Statt die Übergriffe klar zu benennen, werden sie schöngeredet – wenn der Täter verstorben ist, umso mehr. Denn über Tote redet man nicht schlecht. Und so bleiben manche Opfer über den Tod des Täters hinaus gefangen, nun aber als Gefangene ihrer selbst.

Die Beziehung betrachten

Für Ihr weiteres Leben ist es wichtig, dass Sie sich klarmachen, wie Ihre Beziehung wirklich war und ob oder inwiefern Sie unter ihr gelitten haben. Wenn das der Fall sein sollte, dann lassen Sie im Trauerprozess auch das los. Unterscheiden Sie zwischen dem Verstorbenen als Menschen, den Sie geliebt haben, und seinem Handeln, das Sie verletzt hat. Vergeben und verzeihen Sie, um ohne den Ballast der Vergangenheit weiterzuleben.

Sollten Sie damit nicht auf eigene Faust zurechtkommen, suchen Sie sich professionelle Hilfe bei der Bewältigung Ihrer Verletzungen. Bei allem, was wir hier besprechen, ist es möglich, dass Sie es nicht aus eigener Kraft schaffen. Bringen Sie also den Mut auf, offen über Ihre Probleme und Nöte zu sprechen mit Menschen, die Ihnen kompetent helfen können (siehe dazu Seite 80).

Ebenfalls eine bewährte Möglichkeit sind Selbsthilfegruppen (siehe dazu Seite 141). Die Teilnahme ist meistens gratis, der Beitritt formlos. Treffen Sie Leute, die ein ähnliches Schicksal haben. Im Gespräch mit ihnen wird vieles klarer und manches gelöst und bereinigt. Unter Gleichen fühlen Sie sich unter Umständen besser aufgehoben und weniger »krank« als bei einem Therapeuten.

VERZEIHEN UND WIEDERGUTMACHEN

Dem Verstorbenen zu verzeihen beziehungsweise eigene Fehler wiedergutzumachen ist ein wichtiger Schritt hin zu persönlicher Freiheit und Wohlbefinden. Verzeihen bedeutet Loslassen. Halten Sie nicht an dem fest, was Ihnen eventuell durch den anderen widerfahren ist. Entlassen Sie ihn aus seiner Schuld, indem Sie selbst innerlich nicht mehr daran festhalten.

Ihre Vorwürfe mögen noch so berechtigt sein, sie beeinträchtigen jedoch jetzt nur noch Ihr eigenes Leben. Diese nun loszulassen und gütig auf die Schwächen und Unvollkommenheiten des Verstorbenen zu schauen, wird Ihnen helfen, von Ihren eigenen Verletzungen frei zu werden. Im Verzeihen liegt die Kraft verborgen, die Ihre eigene Seele heilen kann.

Belastet von der Schuld des anderen

Das Festhalten an der Schuld des anderen bestraft nach dessen Tod nicht mehr ihn, sondern jetzt nur noch Sie selbst. Nur Sie sind noch auf der Welt und müssen mit den Vorhaltungen und dem daraus entstehenden Hass leben. Das kann Ihr Leben vergiften. Deswegen sollten Sie sich durchringen, davon abzulassen oder – altertümlich ausgedrückt – barmherzig sein. Nur das kann Ihnen helfen, mit der erlittenen Schuld umzugehen, sich davon freizumachen und Ruhe zu finden.

Ist Ihr Gewissen belastet durch Fehler, die Sie selbst im Zusammenleben mit dem Verstorbenen gemacht haben, dann sollten Sie auch barmherzig gegen sich selbst sein. Eigenes Fehlverhalten wiedergutzumachen wird aber reale Handlungen erfordern und nicht nur theoretische Erwägungen. Sich seine Fehler einzugestehen ist immerhin der notwendige erste Schritt.

»Gleich wie Feuer nicht Feuer löscht, so kann Böses nicht Böses ersticken. Nur das Gute, wenn es auf das Böse stößt und von diesem nicht angesteckt wird, besiegt das Böse.« (LEO TOLSTOI)

Mitmenschen als Stellvertreter

Gegenüber dem Verstorbenen können Sie nun nichts mehr korrigieren, aber im Umgang mit anderen Menschen, die an seine Stelle treten. Kommen Sie Ihren Fehlern auf die Spur und setzen Sie diesen in Zukunft neue Handlungsweisen entgegen.

Fällt es Ihnen beispielsweise schwer zuzuhören, dann üben Sie es, indem Sie in Gesprächen besonders darauf achten, was der Gesprächspartner Ihnen sagen will. Fällt es Ihnen schwer, etwas abzugeben, dann suchen Sie sich ein Projekt, für das Sie spenden können. Sind Sie rechthaberisch, dann versuchen Sie die Argumente anderer besser zu verstehen und zu akzeptieren. Und so weiter. Niemand verhält sich immer richtig, und niemand muss sich deswegen schämen. Fehler sollten Sie jedoch nicht kultivieren, sondern als Anstoß zur Veränderung nehmen.

Helfen und sich helfen lassen

Für andere da zu sein und zu helfen, wo Not herrscht, das macht glücklich. Was im ersten Moment wie eine Belastung erscheint, ist in Wirklichkeit ein wichtiger Schlüssel für unser eigenes Wohlbefinden. Dieses steigt, wenn wir anderen Menschen helfen können. Konkret kann man Geld für wohltätige Zwecke spenden, ein Ehrenamt ausüben oder etwa seinen Nachbarn helfen. Auch Sie können etwas geben –, egal was Sie an Geld, Zeit oder Fertigkeiten besitzen. Wenn Sie das, was Sie haben, für andere einsetzen, macht das nicht allein den anderen froh, sondern auch Sie selbst. Und es bringt Sie unter Menschen. Neue Kontakte können sehr wertvoll und heilsam sein.

Es ist wesentlich besser, in der Lage zu sein, etwas zu geben, als selbst auf Beistand angewiesen zu sein. Aber Sie sollten beides lernen. Sie selbst brauchen ja gerade jetzt andere Menschen, die

Ihnen Zeit und Kraft schenken, denen Sie Ihr Herz ausschütten und mit denen Sie Ihre Trauer teilen können. Sie brauchen Unterstützung von anderen, wenn Sie allein nicht aus der Situation herausfinden, wenn Sie unter Ihrem Schmerz so sehr leiden, dass Sie depressiv zu werden drohen. Sie sollten falschen Stolz überwinden und Hilfe dankbar annehmen. Bedenken Sie, dass das nicht nur Ihnen, sondern letztlich auch dem Geber guttut.

Tun Sie Gutes

Andererseits sollten Sie sich Betätigungsfelder suchen, auf denen Sie sich helfend einbringen können. Für Ihre Trauerverarbeitung und Ihren Neustart zurück ins Leben ist es ungemein nützlich, wenn Sie Ihren Wirkungskreis vergrößern. Auch andere Menschen haben Sorgen und Probleme, und Sie könnten ihre Rettung sein. Bringen Sie Ihre speziellen Eigenschaften und Ihre besonderen Fertigkeiten in die Gemeinschaft ein.

Den Möglichkeiten sind kaum Grenzen gesetzt. Schauen Sie sich in Ihrer Nachbarschaft um: Vielleicht gibt es dort eine alleinerziehende Mutter, die dringend Hilfe nötig hätte. Oder Sie überraschen eine gestresste junge Familie mit einem selbst gebackenen Kuchen. Vielleicht ist Ihr handwerkliches Können gefragt, oder Sie transportieren mit Ihrem Auto schwere Einkäufe. In Ihrer Umgebung gibt es mit Sicherheit jemanden, der sich über ein wenig Rat und Tat freuen würde.

Abgeben und helfen

Jeder sollte auch bereit sein, Geld zu spenden –, der eine mehr, der andere weniger. Einen Teil Ihres Budgets sollten auch Sie für soziale Projekte bereithalten. So schauen Sie über den Tellerrand und sind beteiligt an etwas Größerem. Sie sind nicht allein auf diesem

Planeten. Erweitern Sie Ihren Horizont und Ihren Aktionsradius. Die Welt ist voller Menschen, und nur den allerwenigsten geht es materiell so gut wie uns.

Erfüllung im Ehrenamt

Neben der Nachbarschaftshilfe und dem Spenden gibt es das weite Betätigungsfeld der Ehrenämter. Überall werden händeringend Menschen gesucht, die sich freiwillig engagieren – besonders in der Arbeit mit sozial Benachteiligten, mit Einwanderern, Kindern, Kranken, Behinderten und Älteren, in Sportclubs, in der häuslichen Pflege, in der Begleitung alter und schwacher Mitbürger … Sie müssen gar nichts Besonderes können, um etwas Gutes beizutragen. Schon indem Sie jemandem vorlesen, ihm zuhören oder Gesellschaft leisten, können Sie ihm eine große Freude machen.

Ehrenämter gibt es unter anderem in den Bereichen Soziales, Sport, Kultur und Politik. Fragen Sie zum Beispiel im Rathaus nach, bei der Caritas oder der Diakonie oder bei gemeinnützigen Vereinen. Probieren Sie aus, was Ihnen liegt und Freude bereitet. Verlassen Sie Ihre vier Wände, gehen Sie nach draußen und engagieren Sie sich – in einem Umfang, der Ihnen guttut und Sie nicht überfordert. Sie werden nicht lange suchen müssen, um für sich ein Ehrenamt in Ihrer Nähe zu finden. Es erfordert etwas Mut, den ersten Schritt zu tun, aber dann geht es wie von selbst.

Sie werden neue Menschen kennenlernen und Ihren Lebenshorizont erweitern. Sie werden mehr Fülle und Freude erleben, und Ihre eigene Situation wird sich relativieren. Sie werden das Gefühl haben, eventuelle Fehler aus der Vergangenheit auszugleichen. Es wird Sie erleichtern, sich zu beweisen und von sich selbst weg auf andere zu schauen.

Das Gedenken

Der Gedanke an früher tröstet, tut jedoch gleichzeitig weh – am meisten kurz nach dem Verlust. Oft finden Sie die Zimmer und persönlichen Sachen noch so vor, wie der Verstorbene sie hinterlassen hat. All die Gegenstände und Kleidungsstücke, an denen gemeinsame Erinnerungen hängen. Am Schrank hängt noch die Bluse, frisch gebügelt für einen gemeinsamen Konzertbesuch. Ein aufgeschlagenes Buch auf dem Nachttisch … Noch schlimmer: ein verwaistes Kinderzimmer! Fröhlich sind nur noch die Farben. Jedes Ding, jeder Ort, an dem Sie gemeinsam waren, erzählt von besseren Zeiten, ist zu einem Mahnmal Ihres Unglücks geworden.

Manche Trauernden werfen alles weg oder ziehen sogar in eine andere Wohnung, nur um den schmerzhaften Erinnerungen zu entfliehen. Andere lassen dagegen alles genau so, wie es war, um dem Verstorbenen auf diese Weise nahe zu sein. Alle Möglichkeiten und Ausdrucksformen stehen auch Ihnen offen; finden Sie Ihren Weg, aber überstürzen Sie nichts.

ERINNERUNGEN – UNVERGÄNGLICH, ABER NICHT STATISCH

Mit den Erinnerungen verhält es sich wie mit dem gesamten Trauerprozess: Das Vergangene ist objektiv unveränderlich, aber in Ihnen findet eine Entwicklung statt. Sie durchlaufen die Phasen Ihrer Trauer, und Ihre Gedanken und Gefühle werden sich unterdessen transformieren. Was zunächst noch unerträglich schmerzt, kann sich im Verlauf der Trauerarbeit zum Trostspender verwandeln und Dankbarkeit in Ihnen auslösen. Dann haben Sie ein wichtiges Ziel erreicht: Nicht mehr der Verlust steht im Vordergrund, sondern die Zeit, die Sie gemeinsam verbracht haben. Die Vergangenheit gehört zu Ihnen. Ihre Geschichte stellt zusammen mit der

Gegenwart und Ihrer Zukunft Ihr Leben dar. Auch wenn sich nun vieles verändern wird, bleibt das Vergangene ein wichtiger Bestandteil Ihres Daseins. Erinnerungen machen Ihre Biografie aus, denn sie bilden Ihr gelebtes Leben ab. Sie bleiben bestehen, auch wenn der andere nicht mehr da ist. Und sie schaffen eine Verbindung zu ihm. Die Erinnerung hilft, dem Verstorbenen seinen Platz zuzuordnen und ihn nicht völlig zu verlieren.

Die Erinnerungen bleiben

Ohne ihr Gedächtnis verlieren Menschen ihre gesamte Identität. Sie wissen nicht mehr, wer sie sind. Das zeigt, wie wichtig die Erinnerung ist – auch im Trauerprozess. Die Rückschau auf das Leben mit dem Verstorbenen gehört zu Ihrer Identität. Sie zeigt Ihnen, wer Sie sind und wer der andere war. Erinnerungen müssen gepflegt werden, damit sie nicht verlorengehen.

ANREGUNG: **IMAGINATION**

Stellen Sie sich in Ihren Gedanken noch einmal Erlebnisse vor, die Sie mit dem Verstorbenen verbinden. Machen Sie sich ein möglichst plastisches inneres Bild davon. Durchleben Sie zum Beispiel noch einmal, wie Sie sich zum ersten Mal begegnet sind. Was haben Sie in diesem Moment gedacht und gefühlt? Suchen Sie in Ihrer Erinnerung nach weiteren besonderen Situationen und rufen Sie diese zurück in Ihr Bewusstsein. Diese Rückschau auf die gemeinsame Zeit vertieft Ihre Erinnerung und zeigt Ihnen, was wichtig war und wie Ihr Leben verlaufen ist. Der Rückblick hilft Ihnen, Ihr eigenes Leben und Ihre Entwicklung besser zu verstehen sowie die Bedeutung einzuordnen, die der Verstorbene darin hatte. So können Sie all diesen wichtigen Szenen und Vorgängen einen festen Platz in Ihren Gedanken und Ihrem Herzen geben. Ein gewisser Herzschmerz gehört dazu. Trotzdem tut es gut, die Erinnerung festzuhalten, denn sie ist Ihr Leben.

Schmerzliche Erinnerung

In den Tagen und Wochen nach dem Todesfall tut jede Erinnerung äußerst weh. Plötzlich ist da diese unfassbare Leere und Melancholie. Das Bett, in dem nun niemand mehr schläft. Die Lieblingstasse, die verloren auf dem Tisch steht. Die Brille – wieso liegt sie da noch herum? Sie versuchen, die alltäglichen Verrichtungen zu erledigen, die gewohnten Tagesabläufe abzuspulen. Alles soll so sein, wie es immer war! Aber es geht nicht.

Sie leben wie unter einer Glasglocke. Alles wirkt verschwommen und irgendwie bedeutungslos. Immer wieder werden Sie eingeholt und erschreckt von Erinnerungen. Wo der andere neben Ihnen ging, ist plötzlich niemand mehr. Wo Sie gemeinsam gelacht haben, ist es nun totenstill. Sie wissen noch genau, wie es sich anhörte, wenn der andere den Raum betrat. Wie er roch, wie es sich anfühlte, wenn Sie sich umarmten. Sie hören Worte und Geräusche, die verklungen sind. Sie sehen Dinge, die es nicht mehr gibt.

So wie amputierte Gliedmaßen schmerzen können, als wären sie noch da, so empfinden Sie die Nähe des Verstorbenen, obwohl Sie wissen, dass er nicht mehr da ist: Phantomschmerzen – der Begriff bringt das Gefühl makaber auf den Punkt.

Hinterbliebene befinden sich in einem Schwebezustand zwischen Wachsein und Tagtraum. Das gemeinsame Leben hat sich tief ins Bewusstsein eingebrannt, und es ist unbegreiflich, dass es nun für immer vorbei sein soll.

Aber diese schmerzhaften Erinnerungen sind eine unvermeidbare Stufe auf dem Weg Ihrer Trauerverarbeitung. Sie werden nach und nach ihre Heftigkeit verlieren und eine andere Bedeutung für Sie gewinnen. Sie können lernen, mit den Erinnerungen so umzugehen, dass Sie sich von ihnen bereichert und nicht mehr niedergedrückt fühlen. Der Schmerz und die Trauer bleiben ein Teil Ihres Lebens, aber nicht der alles beherrschende.

Einsicht in die Endlichkeit

Aus der Rückschau auf die gemeinsame Zeit können Sie viel Kraft schöpfen. Sie kann Ihnen zeigen, dass Sie geliebt wurden und dass Sie einem Menschen wichtig waren. Sie macht Ihnen deutlich, wie Sie bisher gelebt haben und was Ihr Leben reich gemacht hat. Der Mensch an Ihrer Seite war ein Geschenk an Sie – und umgekehrt. Zu welchem Zeitpunkt zwei Menschen einander loslassen müssen, ist ungewiss, aber dass es stattfinden wird, ist sicher. Sie wollten es bestimmt niemals wahrhaben, aber von Anfang an war klar, dass solche Geschenke nur Leihgaben des Schicksals sind, die eines Tages zurückgenommen werden. So sind die Regeln. Nun hat Sie dieses Schicksal getroffen. Was bleibt, ist der Gedanke zurück.

Erinnerungen – immer und überall

Manchmal werden Sie spontan erinnert – durch ein Lied, einen Geruch oder ein Geräusch. Dann steigen unwillkürlich die damit verknüpften Bilder in Ihnen auf. Auf diese spontan auftauchenden Assoziationen haben Sie kaum Einfluss. Sie überkommen Sie. Mancher ist zunächst davon überfordert und versucht alles zu verstecken, was an den Verstorbenen erinnert. Trotzdem wird noch genug bleiben, was ihm die Erinnerung quasi aufzwingt.

ANREGUNG: **SOUVENIRS DES LEBENS**

Verändern Sie Ihre Sicht und betrachten Sie die Erinnerungen mehr als Andenken, also als Geschenke des Schicksals an Sie. Was Sie erlebt haben, ist der Reichtum Ihre Lebens; es bleibt durch das Gedenken in Ihnen lebendig und damit ein Teil Ihres Alltags. Verstehen Sie solche guten Erinnerungen als etwas Gutes und Tröstliches. Nehmen Sie auch den Schmerz an – zeigt er doch, wie groß die Liebe war.

Denken Sie zurück

Sie können sich auch ganz bewusst erinnern. Allein und zurückgezogen, durch die Imagination oder im Gespräch mit anderen. Das beginnt oft mit der Frage: »Weißt du noch?« Sofort sprudeln die Geschichten und Bilder, und jeder erzählt aus seiner Sicht. Unter Geschwistern erinnert man sich an die gemeinsame Kindheit, etwa auf welche typische Weise der Vater seinen Kleinen das Radfahren beibrachte. Wir er wild mit den Armen fuchtelte und rief: »Treten! Treten!« Oder die Mutter: Jene unnachahmliche Geste, mit der sie zu verstehen gab: »So nicht! Lass das!« Aber wir wussten immer, wie sehr sie uns liebte …

Stundenlang können Sie so beieinandersitzen und in den alten Geschichten schwelgen. Oft werden Sie dabei ins Schmunzeln kommen oder lachen, manchmal nachdenklich werden oder weinen. Und Sie lernen Ihr Leben besser zu verstehen. Sie erkennen, was Ihnen in der Person des Verstorbenen geschenkt war.

Nicht unwichtig: das Alter

Waren die Eltern alt und lebenssatt und sind sie friedlich gestorben, ist ihr natürliches Ende leichter zu verschmerzen, als wenn ein Kind zu Grabe getragen wird. Aber selbst wenn Ihr Kind vor Ihnen von dieser Welt gehen musste, sollten Sie die schönen Erinnerungen im Herzen behalten und in den Vordergrund stellen. Nach und nach – es ist unsagbar schwer – aber langsam, ganz langsam sollten Sie die Tragik, die Schmerzen und die Qual loslassen zugunsten eines guten, schönen und dankbaren Gedenkens. Sie haben eine bestimmte gemeinsame Zeit verbracht und sind ein Stück Weg gemeinsam gegangen. Gern wären Sie diese Etappe noch lange zusammen weitergegangen. Aber das Schicksal hat es anders bestimmt. In diesem Leben werden Sie ohne den anderen weitergehen müssen. Aber in Ihrem Herzen lebt er weiter.

Das Gedenken entwickelt sich

Die Erinnerung an Verstorbene hat zwei Phasen. Die erste ist durch und durch von der Trauer bestimmt. Denken Sie an den Toten, überfallen Sie immer wieder die negativen Gefühle von Verlust, Einsamkeit, Leere und Schmerz. In der zweiten Phase werden die negativen Emotionen mehr und mehr von positiven abgelöst, und nach einiger Zeit werden Sie sich in Dankbarkeit erinnern.

ANREGUNG: **GEMEINSAMES GEDENKEN ZELEBRIEREN**

Es kann die Verarbeitung der Trauer unterstützen, einige Verwandte und Freunde zu einem »Gedenkessen« einzuladen. Es sollte ein einfaches Essen unter Freunden sein, bei dem nicht die Speisen und Getränke im Mittelpunkt stehen, sondern die gemeinsame Rückschau. Auch ein Kaffeekränzchen könnte ein passender Rahmen sein, bietet aber vielleicht nicht genug Zeit; denn die werden Sie brauchen. Legen Sie vorher fest, dass es in diesem Rahmen nur um die schönen Erinnerungen gehen soll, nicht um schlechte. Sicher hatte der Verstorbene auch seine Fehler – so wie wir alle. Aber in der Gedenkrunde wollen wir wertschätzend auf das zurückschauen, was wir Gutes und Wertvolles von ihm oder ihr bekommen haben.

Leiten Sie die Retrospektive ein, indem Sie selbst eine Geschichte über den Toten erzählen. Sie können beginnen mit »Wisst ihr noch, wie ...?«, oder mit »Habt ihr eigentlich gewusst, dass ...?« Wem eine Begebenheit einfällt, die er gemeinsam mit dem Verstorbenen erlebt hat, der erzählt sie aus seiner Erinnerung. Lustige Anekdoten, hilfreiche Gespräche, gemeinsame Unternehmungen – vieles kann dabei wieder an die Oberfläche kommen. Holen Sie die Vergangenheit zurück und erzählen Sie sich gegenseitig, auf welche Weise der Verstorbene Ihr Leben bereichert hat. Vielleicht gibt es anfangs Hemmungen. Aber meistens läuft so eine Erzählrunde wie von selbst und kommt bald vom Hundertsten ins Tausendste. Sie erweisen dem Verstorbenen damit eine Ehre und holen ihn in Ihre Mitte.

Nicht mehr der Verlust wird auf die Dauer im Vordergrund stehen, sondern die Gemeinschaft, die Sie mit dem Verstorbenen hatten. Sie fühlen dann nicht mehr die eingetretene Leere, sondern die Bereicherung, die Sie durch den Verstorbenen erfahren haben.

»De mortuis nil nisi bene.« – »Über die Toten sprich nur auf gute Weise.« (LATEINISCHE SPRUCHWEISHEIT)

Im Blick zurück vergoldet

Mit der Zeit bekommt das Gedenken eine immer positivere Färbung, und Negatives wird allmählich vergessen, ausgeblendet oder umgedeutet. Dass der Erinnerungsoptimismus einsetzt, ist ein sehr gutes Zeichen. Nun kehrt Frieden ein. Der Blick wendet sich von der Vergangenheit immer häufiger wieder auf die Zukunft, und so macht der Schmerz allmählich neuer Zuversicht Platz. An die Stelle der Einsamkeit tritt schließlich zunehmende Offenheit für neue Beziehungen. So schieben sich neue Kontakte in den Vordergrund. Sie können den erlittenen Verlust nicht unbedingt ausgleichen, denn der Verstorbene war für Sie unersetzlich. Aber das Geschehene erscheint allmählich in einem anderen Maßstab.

Die Nähe zulassen

Viele Trauernde erleben das Phänomen des Suchens. Der verlorene Mensch wird überall gesucht und auch »gesehen«. Da geht jemand genau wie der Verstorbene. Da kommt Ihnen jemand entgegen, und Sie erschrecken: »Das ist doch …« Aber nein, es ist doch ein Fremder. Sie schauen in den Himmel, und plötzlich entdecken Sie auch in den Wolken das geliebte Gesicht.

Zu jeder Zeit und an jedem Ort scheint der Tote gegenwärtig zu sein. Das löst immer wieder Momente trügerischer Hoffnung aus. Vielleicht ist ja doch alles nur ein böser Traum und gar nicht wahr. Kommt der Verstorbene vielleicht doch zurück?

Erscheinungen – vertraut, aber unheimlich

Auch andere Phänomene täuschen vor, der andere wäre ganz nah. Fast könnte man an Geister glauben, wenn man hört, was ganz normale Leute von solchen Wahrnehmungen berichten: Da gehen Türen auf und zu, da weht ein Duft durch den Raum. Man erlebt Geräusche und Gerüche, die eindeutig vom Verstorbenen zu sein scheinen. Hinterbliebene haben den Eindruck, er ginge im unsichtbaren Raum an Ihnen vorüber. Er ist ganz nah und spricht zu ihnen. Oder er will sie trösten mit seiner unsichtbaren Gegenwart.

Wenn auch Ihnen solche spukhaften Phänomene begegnen, dann lassen Sie sich davon nicht beunruhigen, sondern trösten. Versuchen Sie nicht, das Mysteriöse zu erklären, sondern lassen Sie die Nähe des Toten ruhig auf jegliche Weise zu. Warum nicht? Sie vermittelt Ihnen das Gefühl, nicht allein zu sein, das Gefühl, dass der andere noch da ist, auch wenn Sie ihn nicht sehen. Aurelius Augustinus, einem der Kirchenväter, wird in diesem Zusammenhang der folgende Aphorismus zugesprochen.

»Unsere Toten sind nicht abwesend,
sie sind nur unsichtbar. Sie schauen mit ihren Augen
voller Licht in unsere Augen voller Tränen.«

Den anderen nicht zu vergessen ist ein Versprechen, das wir ihm geben. Er wird bleibende Bedeutung für uns haben, wird in unserem Herzen weiterleben wird, da er nun nicht mehr auf der Welt ist.

VERGANGENHEIT IST IDENTITÄT

Wir Menschen sind immer das Ergebnis unseres bis zum momentanen Zeitpunkt gelebten Lebens – mit allen Höhen und Tiefen, mit allen Um- und Zuständen, die wir erleben durften und durchleben mussten, und mit allen Menschen, denen wir auf unserem Weg begegnet sind. Manche hatten mehr Bedeutung, andere weniger. Alles zusammengenommen sagt unsere Lebensgeschichte, wer und was wir heute sind: Zur Persönlichkeit gewordene Vergangenheit. Da wir hier und jetzt im Leben stehen, ist nichts von unserer Vergangenheit verloren. Auch alles Unbewusste oder Vergessene steckt – transformiert und verschlüsselt – in unserer Identität.

Sich an sein Leben zu erinnern, ist von großer Bedeutung für Geist und Seele. Aber es geschieht nicht von selbst. Im Getriebe des Alltags bleibt für stilles und beständiges Wachstum nicht genügend Raum. Sie müssen dazu in sich gehen und nachdenken. Umso wichtiger ist es zu verstehen, wie Sie der geworden sind, der Sie sind. Im Zusammenhang mit einem Todesfall bekommt das noch eine andere und tiefere Bedeutung. Sie nehmen den anderen viel bewusster in Ihr Leben auf.

Wozu Erlebnisse abspeichern?

Vielleicht haben Sie in Ihrem bisherigen Leben noch wenig Zeit gehabt, gründlich über sich und andere nachzudenken und zu reflektieren. Möglicherweise hat es noch keine ernsten Anlässe dazu gegeben. Jetzt könnte der geeignete Zeitpunkt sein, damit anzufangen. Ein Lebensrückblick hilft Ihnen, sich selbst besser zu verstehen und gelassener zu werden, weil Sie erkennen, wie Sie Ihr Leben trotz aller Schwierigkeiten bisher gemeistert haben.

ANREGUNG: **AUF ZEITREISE GEHEN**

Der Todesfall hat den Rahmen Ihres Lebens verändert. Mit der Zeit werden Sie ein Stück neue Freiheit entdecken. Nutzen Sie sie und gehen Sie daran, Ihr Leben mit neuem Inhalt zu füllen. Unternehmen Sie Zeitreisen in Ihre Geschichte, denn in der Vergangenheit finden Sie wichtige Impulse und Hinweise darauf, wer Sie sind und was Sie am meisten vom Leben erwarten. Sie kommen in Berührung mit Ihrem früheren Ich. Oftmals werden im Lauf des Lebens Wünsche und Träume von den äußeren Umständen der Realität »verschüttet«, wie man so sagt. Nun aber können Sie an Dinge und Neigungen wieder anknüpfen, die Sie in der Zwischenzeit vergessen oder aufgegeben haben. Gehen Sie also zurück zu den Träumen Ihrer Kindheit und Jugend. Oft geben sie Hinweise sowohl auf Ihre Sehnsüchte als auch auf Ihre Fähigkeiten und Begabungen.

- Welche Wünsche und Ziele hatten Sie als Kind und in Ihrer Jugend?
- Wie haben Sie sich damals Ihre Zukunft vorgestellt?
- Welchen Beruf wollten Sie ergreifen?
- Wie und wo wollten Sie leben?
- Wie fühlte sich das Leben damals für Sie an?
- Wie fühlt es sich heute an? Was ist anders?
- Welche Wünsche sind in Erfüllung gegangen?
- Was ist sogar besser geworden, als Sie es sich hätten vorstellen können?
- Was ist Ihnen nicht gelungen?
- Welche Wünsche, Träume und Ziele könnten ab jetzt in Erfüllung gehen?

Rückschau bis zum Beginn

Betrachten wir unsere Kindheit, Jugend und Schulzeit, unsere Eltern, Freunde und Lehrer. Denken wir an unsere erste Liebe, die ersten Versuche, selbstständig zu werden, an unsere Ausbildung, unsere erste Wohnung … Die Trauerarbeit bietet einen Anlass, nicht nur über das Leben des Verstorbenen nachzudenken, sondern auch über das eigene. Und dann natürlich über das, was Sie gemeinsam erlebt haben. Wie wäre Ihr Leben verlaufen, wenn Sie den anderen nicht kennengelernt hätten?

Das Vorzeichen: positiv

Ihre Innenschau sollte nicht in quälende Grübelei ausarten oder zu Zerknirschung führen. Hadern Sie nicht mit Ihrem Schicksal, sondern versuchen Sie bei allem eine positive Grundhaltung zu bewahren. Ständig nachzudenken, besonders wenn es um traumatische und schmerzliche Aspekte geht, strengt an und kann ausgesprochen ermüdend sein. Gestatten Sie sich deshalb immer wieder auch Pausen, in denen Sie in Ihren »Notfallkoffer« greifen (siehe dazu Seite 83).

Das Erlebte bestimmt das Gefühl

Was Sie denken, bestimmt, wie Sie sich fühlen. Das trifft auch auf das Zurückdenken zu. Erinnern Sie sich an eine Situation, werden die Gefühle wieder präsent, die Sie in dieser hatten. Das gilt für die guten Erlebnisse ebenso wie für die bedrückenden. Alles was Sie erlebt haben, ist irgendwo tief in Ihnen abgespeichert, auch wenn manches für lange Zeit in Vergessenheit gerät.

Manchmal werden Sie ganz plötzlich von einer intensiven Erinnerung überrascht und erleben ein unmittelbares Déjà-vu. Viele Auslöser können Sie unverhofft in eine frühere Situation zurückversetzen, die lange vergessen war. Besonders altbekannte Gerüche können ein früheres Lebensgefühl äußerst plastisch aufleben lassen. Auch traumatische Erlebnisse wie Sterben und Tod prägen sich tief ins Gedächtnis ein. Und wenn Sie daran denken, stellen sich auch die dazugehörigen schmerzlichen Gefühle ein. Diese werden Sie von nun an durchs Leben begleiten.

ANREGUNG: **DAS GEDENKEN KREATIV KULTIVIEREN**

Sie können beispielsweise dem Verstorbenen ein Gedächtnisbuch widmen. Darin sammeln Sie Fotos, Tickets, Eintrittskarten, Briefe und andere Andenken und schreiben Ihre eigenen Erinnerungen dazu auf. Schauen Sie sich alte Korrespondenzen, Fotoalben, Filme und Tagebücher an. Welche Gedanken verbinden Sie damit? Schreiben Sie auf und tragen Sie zusammen, was das Zusammenleben ausgemacht hat.

- Wie haben Sie einander kennengelernt?
- Wie sah Ihre gemeinsame Wegstrecke aus?
- Welche gemeinsamen Freunde haben Sie begleitet?
- Welche zentralen Wendepunkte und Meilensteine gab es?
- Welche Reisen, Unternehmungen, Hobbys und Projekte haben Sie miteinander geteilt?
- An welche lustigen und schönen Momente erinnern Sie sich?
- Womit hat der Tote Ihr Leben bereichert?
- Was bleibt von ihm in Ihrem Leben zurück?

Das aktive Gedenken macht einerseits die festgehaltenen Momente noch einmal lebendig, andererseits wird es Ihnen zeigen, wie schnell die Zeit vergangen ist und wie sehr sich alles verändert hat. Es wird Sie vielleicht erschrecken, wie sehr Sie selbst sich inzwischen verändert haben. Aber Ihre Geschichte erklärt Ihnen die Gegenwart.

Besuchen Sie auch die Orte, die Sie gemeinsam geliebt haben. Gehen Sie noch einmal an diese Plätze, zum Gedenken an den Verstorbenen. Nehmen Sie ihn in Gedanken mit und treten Sie mit ihm in einen Dialog: »Weißt du noch, damals …?«

Pflegen Sie die Gewohnheiten und Rituale weiter, die Ihren gemeinsamen Alltag ausmachten und die Ihre Beziehung geprägt haben. So schaffen Sie eine innere Verbindung, und der Tote bleibt Ihnen nahe. Auf diese Weise setzen Sie dem Verstorbenen ein Denkmal und bewahren etwas von seinem Leben für sich selbst und andere.

Disziplin beim Denken

Um die Seele im Gleichgewicht zu halten und sich nicht von den belastenden Erlebnissen dauerhaft niederdrücken zu lassen, ist es notwendig, beim Denken eine gewisse »Hygiene« einzuhalten. Wie bereits ab Seite 71 beschrieben, sollten Sie die Gedanken nicht wild und beliebig durch den Kopf schießen lassen, sondern sie lenken und kontrollieren. Diese Beherrschung wird Ihnen umso leichter fallen, je öfter Sie sich darin üben. Achten Sie darauf, sich neben allen schmerzlichen besonders an die schönen Ereignisse zu erinnern. Damit aktivieren Sie neben der Traurigkeit auch die guten Gefühle. Betrachten Sie die positiven Erinnerungen als Ihren persönlichen Schatz. Er kann Sie stark und zuversichtlich machen.

Erinnerungen pflegen

Pflegen Sie Ihre Erinnerungen bewusst. Oft entsteht mit dem Alter von allein ein Bedürfnis nach einem Lebensrückblick. Aber wenn Sie schon frühzeitig damit beginnen, leben Sie viel bewusster und sind in der Lage, Veränderungen vorzunehmen, wenn sie Ihnen angebracht erscheinen. In der Trauerverarbeitung stehen dabei besonders die gemeinsamen Erlebnisse im Vordergrund. Anfangs wird Ihnen die Rückschau schwerfallen und Sie in Melancholie versetzen. Sollten Sie momentan noch zu sehr belastet sein, warten Sie besser noch eine Weile damit. Sie werden es merken, wenn der richtige Moment für das aktive Zurückblicken gekommen ist.

»Wenn du an mich denkst,
erinnere dich an die Stunde, in welcher du mich
am liebsten hattest.« (RAINER MARIA RILKE)

IHR LIEBSTES IM HERZEN BEWAHREN

Jeder Mensch ist einzigartig. Deswegen ist die Lücke, die jemand nach seinem Tod hinterlässt, nicht mehr zu schließen. Den leeren Platz an Ihrer Seite kann ein anderer Mensch einnehmen, aber er wird diesen Platz anders ausfüllen als der Verstorbene. Niemand kann ihn ersetzen, denn niemand ist so, wie er war.

Die Einzigartigkeit eines Menschen, seine Besonderheiten, seine Art die Welt zu sehen, seine Art die Dinge zu tun, seine Art Liebe und Freundschaft zu geben – all das macht ihn aus. Und dafür haben Sie ihn geliebt, und deswegen fehlt er Ihnen jetzt so unsagbar. Aber durch die aktive Rückschau und Pflege des Gedenkens geben Sie dem Verstorbenen einen festen Platz in Ihrem Herzen. Er war Ihr Wegbegleiter, nahm Einfluss auf Ihr Leben und hat es bereichert. Sie ehren ihn dafür durch die lebendige Erinnerung.

Die Lebensgeister melden sich

Nach der Zeit der tiefen Trauer wird sich langsam wieder so etwas wie Normalität einstellen. Manchmal wird es Sie wundern, dass dies überhaupt noch möglich ist. Nie hätten Sie gedacht, dass dieser Schmerz einmal nachlassen würde. Aber irgendwann ertappen Sie sich beim Lachen oder merken, dass Sie ein Lied im Radio mitsummen … Anfangs tritt die Trauer nur für einzelne lichte Augenblicke in den Hintergrund, dann aber zunehmend öfter und länger.

Und schließlich nimmt die Trauer nur noch einen umgrenzten Teil Ihres Innenlebens ein. Und das ist gut so. Denn Sie müssen und dürfen Ihr Leben weiterleben und haben wie eh und je ein Anrecht darauf, glücklich zu sein.

Das bedeutet eben nicht, dass Sie den Verstorbenen jetzt vergessen würden und dass er keine Rolle mehr spielt. Es bedeutet nur,

dass er seinen Platz gefunden hat in Ihrem Herzen. Geben Sie ihn frei und geben Sie sich frei. Ihre Wege haben sich getrennt, aber Ihr Herz bleibt mit dem Verstorbenen verbunden, und auch seine Liebe bleibt bei Ihnen.

Einen Menschen nicht zu vergessen, sondern sich in Dankbarkeit an ihn zu erinnern, verleiht dem Leben des Toten Gewicht und Bedeutung. Damit können Sie ihm über seinen Tod hinaus Liebe und Wertschätzung entgegenbringen und die eigene Bereicherung, die Sie durch ihn erfahren haben, in den Mittelpunkt rücken.

»In der Liebe versinken und verlieren sich
alle Widersprüche des Lebens.
Nur in der Liebe sind Einheit und Zweiheit
nicht im Widerspruch.«

(RABINDRANATH TAGORE)

Das Ziel Dankbarkeit

In der akuten Phase der Trauer betrachten Sie die ganze Welt unter dem Blickwinkel des erlittenen Verlusts. Diese Reaktion ist ganz natürlich. Dieses furchtbare Gefühl, etwas Lebenswichtiges verloren zu haben, überschattet alles. Worte können oft nicht helfen, und die meisten Menschen wissen nicht einmal, was sie in so einer Situation zu Ihnen sagen sollen. Verbreitet sind Durchhalteparolen wie: »Lass den Kopf nicht hängen, das wird schon wieder …« Oder Resignation: »Tja, da kann man nichts machen.«

Nachdem sie ihr Beileid einmal ausgesprochen haben, sind viele Mitmenschen unbeholfen und überfordert, denn die hergebrachten Formeln sind schnell verbraucht. Nicht wenige meiden die Hinterbliebenen sogar vor lauter Hilflosigkeit. Die Initiative, die Trauer zu bewältigen, muss daher von Ihnen selbst ausgehen.

DANKBARKEIT – DIE GESUNDE LEBENSEINSTELLUNG

Der Abschied von einem geliebten Menschen konfrontiert uns mit Trauer und Schmerz, aber auch mit Liebe und Dankbarkeit. Dankbarkeit nach einem so harten Verlust? Die Vorstellung mag Ihnen zunächst abwegig erscheinen, doch liegt gerade darin der Schlüssel zu Ihrer Zukunft. Denn erst im Rückblick begreifen wir in vollem Umfang, was uns ein Mensch bedeutet und womit er unser Leben bereichert hat. So kommt in der Rückschau nicht nur Wehmut auf, sondern auch Dankbarkeit.

Je nachdem, wie weit und wie schnell Sie auf Ihrem Weg durch die Trauer vorangeschritten sind, sollten sich eines Tages Gefühle der Dankbarkeit einstellen. Wenn Sie beginnen, für Ihre Erinnerungen Dankbarkeit zu empfinden, dann haben Sie den wichtigsten Schritt geschafft. Wie lange es dauert, bis Sie zu diesem Punkt kommen, hängt von vielen Faktoren ab. Ein wichtiger Aspekt wurde im Zusammenhang mit der Resilienz (Seite 29) bereits besprochen: Ihre körperliche und mentale Widerstandskraft.

Eine andere Gruppe von Faktoren bezieht sich auf Ihre Beziehung zum Verstorbenen und auf die Trauerarbeit, die Sie bereits geleistet haben. Anhaltspunkte bekommen Sie, indem Sie sich die folgenden Fragen beantworten.

Welchen Charakter hatte Ihre Beziehung zu dem Toten:

- Wie tief war Ihre Liebe zu dem Verstorbenen?
- Wie nahe standen Sie einander?
- Wie gut passten Sie zusammen?
- Wie lange haben Sie zusammengelebt?

Welche Schritte der Trauerarbeit haben Sie bereits geleistet:

- Konnten Sie Abschied nehmen? Wenn ja, wie?
- Haben Sie die ersten starken Trauergefühle schon bewältigt?
- Ist es Ihnen gelungen, innerlich loszulassen und den anderen freizugeben?
- Sind Sie dabei, Ihre Zukunft zu planen?

Zur Dankbarkeit finden

Die innere Haltung dem Leben gegenüber findet ihren Niederschlag nicht nur in den Gedanken und Gefühlen, sondern auch in der körperlichen Gesundheit. Trübsinn kann auf Dauer psychosomatisch krank machen, Depressionen schwächen das Immunsystem. Dankbarkeit als Grundhaltung hingegen vertreibt den Kummer. Das wiederum wirkt sich heilend auf Körper und Geist aus.

Man kann es kaum oft genug betonen: Um einen neuen Blickwinkel zu bekommen, ist es hilfreich, die Vergangenheit unter dem Aspekt der Dankbarkeit zu betrachten. Dankbarkeit setzt voraus, dass Sie erkennen, was Sie an Gutem geschenkt bekommen haben durch das Zusammensein mit dem Verstorbenen. Diese Einsicht

macht Ihnen deutlich, wie reich Ihr Leben war und ist. Reich an Liebe und Freundschaft, reich an Geborgenheit und Freude, reich an schönen Erlebnissen und fröhlichen Stunden.

Das Vorzeichen wechseln

Sie haben in erster Linie nichts verloren, sondern etwas bekommen. Ein Mensch war an Ihrer Seite, mit dem Sie glücklich waren. Er hat Ihr Leben schöner und lebenswerter gemacht. Sicher war nicht immer alles eitel Sonnenschein. Es gab auch den einen oder anderen Streit – das gehört dazu –, aber es war doch eine gute Zeit. Wenn Sie glücklich sein wollen, dann sollten Sie dafür dankbar sein. Dankbarkeit ist der Schlüssel zum Glück. Für Ihr Seelenleben, für Ihr Vertrauen in die Zukunft und für Ihr Wohlbefinden ist die Dankbarkeit eine der wichtigsten Bedingungen. Ohne sie bestimmen Verbitterung und Hoffnungslosigkeit das Leben. Glücklich zu sein ist ohne Dankbarkeit unmöglich.

Einsicht und Bescheidenheit

Das Bedürfnis, sich zu bedanken, ist dem Menschen nicht in die Wiege gelegt. Die zugrunde liegende Einsicht muss erst erlernt werden. Lernen Sie jetzt weiter und überwinden Sie den Schmerz durch Dankbarkeit. Es geht nicht darum, den Verstorbenen und die Trauer um ihn zu verdrängen, sondern darum, den Blickwinkel zu ändern. Die Dankbarkeit wird Sie heilen und trösten, denn sie zeigt auf den Reichtum des Lebens und nicht auf die Verluste.

Das Wort »Danken« kommt von »Denken«. Um eine dankbare Einstellung einzuüben, sollten Sie also Dinge und Begebenheiten, die Sie gut finden und die Ihnen gelungen sind, in den Mittelpunkt der Betrachtung rücken. Es gilt also den Blick zu schärfen für die alltäglichen Situationen, die vielen kleinen Dinge, auf die Sie stolz sein dürfen, die Sie erfreuen und voranbringen. Diese scheinbaren Kleinigkeiten als Ihre erfüllten Bedürfnisse wahrzunehmen und dafür Dankbarkeit zu entwickeln, das ist ein enorm wichtiger Schritt zu einer gesunden und ausbalancierten Haltung.

ANREGUNG: **DAS SCHÖNE SEHEN**

- Womit wurden Sie in letzter Zeit positiv überrascht?
- Was hat Ihnen heute in kleines Lächeln abgenötigt?
- Wofür sind Sie dem Verstorbenen dankbar?
- Machen Sie sich dazu Notizen und sagen Sie: »Danke!«

Für Großes und Kleines danken

Schon früh lernen wir als Kinder von unseren Eltern, Danke zu sagen. Wir bekommen ein Bonbon mit dem Nachsatz: »Was sagt man jetzt?« Und wir sagen dann artig: »Danke.« Das wird zu einem halbautomatischen Ritual, dem wir nur selten bewusst Bedeutung beimessen. Das gehört eben dazu; man macht das halt so, weil es ein Gebot der Höflichkeit ist.

Keine äußerliche Geste

Echte, tief empfundene Dankbarkeit ist weit mehr als eine Floskel. Dankbar zu sein heißt zu verstehen und anzuerkennen, wenn uns etwas geschenkt wird, wenn wir etwas bekommen, das wir uns nicht selbst nehmen oder kaufen können – ob Sonnenschein oder Regen, Gesundheit oder Lebenszeit, Liebe oder Kinder.

Nur allzu vieles, was keineswegs jeder bekommt oder erreicht, nehmen wir als selbstverständlich hin. Und wir werden schnell

unzufrieden, wenn wir etwas verlieren oder wenn das, was wir haben, nicht genug erscheint und wir mehr wollen oder etwas anderes. Wir werden sauer und beginnen zu schimpfen. Manchen sieht man an, dass in ihrem Leben Dankbarkeit kaum eine Rolle spielt, sondern Ansprüche, Status und Privilegien. Diese Menschen wirken meist nicht glücklich, sondern gehetzt und unzufrieden.

Eine neue Haltung einnehmen

Dankbar zu sein ist eine positive und beglückende Grundeinstellung. Dankbarkeit und Glück hängen unmittelbar zusammen. Dankbare Menschen sind prinzipiell glücklich, können sich freuen und Freude verbreiten. Gewöhnen Sie sich eine Haltung der Dankbarkeit an. Damit bereichern Sie Ihr eigenes Leben und das anderer. Selbst für die schweren und traurigen Tage können Sie in gewissem Sinne dankbar sein, denn sie machen die Tiefen des Daseins erfahrbar. Die schweren Stunden sind es, die das Leben im eigentlichen Sinn bereichern, weil sie zeigen, was wirklich wichtig ist. An ihnen reifen wir und gewinnen Tiefgang und Weisheit.

Sie müssen sich natürlich nicht bedanken, wenn es nicht stimmig ist. Aber wann immer es Anlass für Dankbarkeit gibt, sollten Sie gut hinsehen. Denken Sie an Ihr gemeinsames Leben zurück und danken Sie dafür. Danken Sie symbolisch auch dem Toten. Die »symbolische Danksagung« ist ein festes Element innerhalb meiner Trauerreden. Dazu stehen alle Trauergäste auf und danken für die gemeinsame Zeit und für die Bereicherung, die jeder einzelne durch den Verstorbenen erfahren hat.

Den Fokus auf das Gute

Durch Dankbarkeit wird die Erinnerung auf das Gute fokussiert. Auf das, was der Verstorbene gegeben hat und was die Hinterbliebenen von ihm auf ihrem weiteren Lebensweg mitnehmen.

Der Blick wird weg von dem, was verloren gegangen ist, darauf gerichtet, was uns durch den Toten geschenkt wurde. Dankbarkeit und Glück hängen wie gesagt unmittelbar zusammen. Dankbare Menschen sind glücklich, undankbare nicht. Dankbare Menschen können sich freuen, undankbare jammern, nörgeln und kritisieren, werden bitter und machen sich und anderen das Leben schwer.

Jede Gabe würdigen

Öffnen Sie Ihre Sinne und gehen Sie achtsam durch Ihren Tag. Beginnen Sie damit gleich am Morgen beim Erwachen. Räkeln Sie sich ausgiebig im Bett und spüren Sie, wie Ihr Herz schlägt, das Blut durch die Adern strömt und der Atem den Brustkorb hebt und senkt. Das alles tut Ihr Körper ganz von allein für Sie. Sie brauchen sich darüber kaum Gedanken zu machen. Und Sie sollten dankbar sein, wenn Ihr Körper so gut funktioniert. Stellen Sie sich einmal vor, Sie müssten selbst all diese Abläufe in Gang halten. Aber das müssen Sie nicht; vielmehr können Sie sich nach einer erfrischenden Morgentoilette dem Frühstück zuwenden. Genießen Sie und erfreuen Sie sich daran. Es ist keine Selbstverständlichkeit, dass Ihnen zur Verfügung steht, worauf Sie Durst und Appetit haben.

Nach dem Frühstück starten Sie in Ihren Tag. Je nachdem, wie dieser aussieht, kommen nun wahrscheinlich Aufgaben und Herausforderungen auf Sie zu, denen Sie nicht ausweichen können. Viele Menschen haben einen bei Weitem zu stressigen Alltag, andere nehmen sich eher zu wenig vor. Unter Umständen ist es nötig, in dieser Hinsicht hin und wieder regulierend einzugreifen. Ein Trauerfall kann dabei in gewisser Weise befreien. Er kann Sie ermutigen, untragbare Situationen zu verändern.

Gehen Sie weiter durch Ihren Tag und forschen Sie nach den guten Dingen. Sei es ein Gespräch im Treppenhaus, sei es ein Spaziergang oder ein Buch, das Sie für eine Weile in eine andere

Welt entführt. Widmen Sie jedem dieser guten Augenblicke einen Gedanken und bedanken Sie sich innerlich. Sagen Sie sich etwa: »Oh, das war jetzt wirklich schön.« Und dann gehen Sie weiter.

ANREGUNG: **GESCHENKE DES TAGES ACHTEN**

Rufen Sie sich immer wieder Begebenheiten und Momente in Erinnerung, für die Sie im Nachhinein dankbar sind. Nehmen Sie sich vor, täglich für mindestens drei solche Dinge zu danken. Lassen Sie abends Ihren Tag Revue passieren und danken Sie bewusst für Sachen, die Sie als Geschenke des Tages betrachten – und wenn es »nur« der Sonnenschein ist. Was ist Ihnen heute gelungen, worauf sind Sie stolz, worüber haben Sie sich gefreut – bei aller Trauer? Notieren Sie diese Dinge. Wenn Ihre negativen Erlebnisse überwiegen, stellen Sie sich eine Balkenwaage mit zwei Schalen vor. Legen Sie das Negative in eine der Schalen und etwas Gutes in die andere. Versuchen Sie mindestens ein Gleichgewicht zu erzielen. Durch die dankbare Erinnerung bekommt selbst der Verlust einen anderen, positiven Aspekt.

DANKBARKEIT PRAKTIZIEREN

Es ist bereichernd, Dankbarkeit anderen gegenüber zum Ausdruck zu bringen – ganz einfach indem man öfter Danke sagt. Seinen Mitmenschen dankbar zu sein bewahrt vor Frust und Ärger. Sie sollten viel schneller zu einem Danke bereit sein als zu einer Kritik – gerade in Ihrer engsten Umgebung. Ausgerechnet Menschen, die uns lieben und uns nahestehen, setzen wir viel zu oft unserem Unbehagen aus. Wir äußern Kritik und zeigen Ungeduld, statt ihre Zuneigung dankbar zu erwidern. Mit zu viel Negativem bringen Sie

Ihre eigenen Gefühle aus der Balance. Sie fühlen sich missverstanden und schlecht behandelt und verlieren aus dem Auge, wie viel Positives es zu sehen und zu sagen gäbe.

Danke für die Anteilnahme

Es wird Menschen in Ihrem Umfeld geben, die an Ihrem Schicksal Anteil nehmen. Sie schreiben Ihnen Kondolenzbriefe oder rufen Sie an und sind bemüht, Ihnen in dieser Situation zu helfen. Sie können sich persönlich dafür bedanken oder auch durch eine separate Anzeige in der Zeitung, eine Danksagung. Darin können Sie all diejenigen ansprechen, die Ihnen im Zusammenhang mit dem Sterben und Tod Ihres Angehörigen oder Freundes irgendwie behilflich waren oder Sie begleitet haben. Das kann neben Verwandten, Freunden und Nachbarn die Belegschaft eines Krankenhauses, Pflegeheims oder Hospizes sein, Ärzte und Therapeuten, das Bestattungsinstitut, der Seelsorger oder Priester.

»Dankbarkeit, man spürt sie ja so selten bei den Menschen, und gerade die Dankbarsten finden nicht den Ausdruck dafür, sie schweigen verwirrt, sie schämen sich und tun manchmal stöckig, um ihr Gefühl zu verbergen.« (STEFAN ZWEIG)

Dem Toten danken

Auch dem Verstorbenen gegenüber können Sie Ihren Dank formulieren. Zum einen öffentlich in Form einer Anzeige oder einiger Worte, die Sie in der Trauerfeier oder am Grab sprechen

oder sprechen lassen. Zum anderen aber auch innerlich, indem Sie in Ihrem Herzen danken für die gemeinsam verbrachte Zeit, für das gemeinsame Lachen und Weinen, Arbeiten und Ausruhen in den guten und den schweren Tagen.

Es gehört zur Trauerarbeit, über die gemeinsame Lebenszeit nachzudenken. Das ist traurig, aber es macht dankbar. Natürlich sollen Sie sich nichts Schlechtes und Betrübliches schönreden. Aber versuchen Sie die Grundhaltung der Dankbarkeit einzunehmen, indem Sie auf das Erfreuliche und Besondere achten.

ANREGUNG: **GRUPPENARBEIT**

Wer seine Trauer überwinden will, sollte lernen, Dankbarkeit zu empfinden. Nicht immer und für alle Themen sind die eigene Familie oder Freunde der geeignete Kreis von Menschen. Manchmal brauchen Sie neue Kontakte und Gespräche darüber hinaus. Unterstützung für den Trauerprozess bieten Selbsthilfegruppen. Verbünden Sie sich mit anderen Trauernden.

Nach passenden Gruppen in Ihrer Nähe können Sie beispielsweise ein Bestattungsunternehmen fragen. Treten Sie einer Gruppe bei oder gründen Sie selbst eine. Teilen Sie Ihre Erfahrungen mit anderen und bringen Sie sich in die Gemeinschaft ein. Menschen, die Ähnliches durchmachen, können einander am besten trösten. Dabei werden Sie lernen, Dankbarkeit zu empfinden und entgegenzunehmen. So können Sie umso eher über den Verlust hinwegkommen und eines Tages wieder hoffnungsvoll in Ihre Zukunft blicken.

Darüber hinaus gibt es wie schon erwähnt im Internet zahlreiche Foren und Portale (Links siehe Seite 175), in denen sich Trauernde zusammentun. Schon die Initiative wird Ihnen guttun. Gehen Sie offensiv mit Ihrer Trauer um, auch wenn es anstrengend für Sie ist.

Auch Ehrenämter oder Nachbarschaftshilfe bringen Sie unter Leute und helfen, von der Trauer wegzusehen und auf den Mitmenschen zu schauen. Geben Sie etwas. Machen Sie neue Erfahrungen mit Geben und Nehmen.

Danken im Namen des Verstorbenen

Wie auch immer der Verstorbene zu Tode gekommen ist, was auch immer er erleiden musste, was ihm auch immer an Lebenszeit vorenthalten geblieben ist: Er hat gelebt, und er hatte seine schönen Stunden! Es gab Momente, in denen er froh und glücklich war, in denen er lachte und sich seines Lebens freute! Seine Lebenszeit war ausgefüllt, und er konnte sie im gegebenen Rahmen nach seinen Vorstellungen gestalten. Vergessen Sie bei aller Trauer nicht, dass er ein Leben hatte. Zu kurz war es vielleicht nach Ihrem Ermessen, aber in seiner Weise war es auch erfüllt. Bei genauem Hinsehen gibt es bei allem auch die andere Seite, die gute und schöne. Und die machen Sie sich bewusst, wenn Sie Danke sagen.

Das Leben als Ganzes sehen

Oft berichten Menschen im Trauergespräch, wie sehr der Verstorbene am Ende leiden musste. Wie er über viele Jahre, manchmal sogar Jahrzehnte, »immer weniger« wurde, bis schließlich der Tod stärker war als das Leben. Aber eine Biografie sollte nicht nur von ihrem Ende aus betrachtet werden, sondern in ihrer Gesamtheit und von allen Seiten.

ANREGUNG: **DAS GEDÄCHTNISBUCH**

Schreiben Sie aus der Perspektive des Verstorbenen in ein Gedächtnisbuch, was dessen Leben sinnvoll und glücklich gemacht hat. Notieren Sie seine Begabungen und Fähigkeiten. Was konnte er in den verschiedenen Lebensbereichen bewirken – privat, geschäftlich, beruflich? Welche seiner Herzenswünsche gingen ihm in Erfüllung? Was waren seine Leidenschaften? Worin war er kreativ? Was durfte er genießen? Wofür in seinem Leben durfte er selbst dankbar sein?

»Der Mensch bleibt in kritischen Situationen selten auf seinem gewohnten Niveau. Er hebt sich darüber oder sinkt darunter.« (ALEXIS DE TOCQUEVILLE)

Es gab ein Leben vor dem Tod

Denken Sie an das Leben des Verstorbenen nicht nur unter dem Aspekt seines Leidens und Sterbens, sondern auch an die Zeit davor. Wofür können Sie stellvertretend im Nachhinein dankbar sein? Was hat sein Leben lebenswert gemacht? Was erfreute ihn? Was brachte ihn zum Lachen? Lassen Sie sein Leben vorüberziehen. Wie war sein Werdegang, welche Höhepunkte und welche Krisen gab es? Was hat er im Leben geschaffen und erreicht? Welche Werte und Werke hinterlässt er? Hatte er Nachkommen? Auch ein kurzes Leben kann ein erfülltes Leben sein.

Für die Liebe danken

Ein Lebensabschnitt ist zu Ende gegangen. Um ihn zu würdigen, erinnern Sie sich in Dankbarkeit daran. Sie ist eine Quelle von Freude und Zufriedenheit. Darum sollten Sie in Ihrer Trauerarbeit einen Schwerpunkt darauf legen. War Ihre Beziehung sehr lang und sehr innig, können Sie umso dankbarer sein, auch wenn die entstandene Lücke für Sie nun umso größer klafft.

Sie haben etwas sehr Außergewöhnliches erlebt, eine enorme Bereicherung! Denn zu zweit ist das Leben für uns besser als allein. Sie konnten sich gegenseitig Halt und Ermutigung geben. Wenn einer fiel, konnte der andere ihm aufhelfen. Vielleicht haben Sie gemeinsame Kinder bekommen und durften sie aufwachsen gesehen. Für all das können und sollten Sie sehr dankbar sein.

WAS MACHT SIE GLÜCKLICH?

Denken Sie neu darüber nach, was Sie wirklich glücklich macht. Meist hat man nur nebulöse Vorstellungen davon, was glücklich machen könnte oder müsste. Dabei steht an erster Stelle oft Materielles, also Wohlstand oder Reichtum. Der Glaube, Glück läge darin, sich luxuriöse Dinge leisten zu können, ist weit verbreitet. Aber das Glück gewinnen Sie nicht im Lotto. Wer etwas Lebenserfahrung hat, weiß längst, dass Besitz allein niemals reichen kann. Neben der materiellen Absicherung brauchen wir funktionierende Beziehungen, Liebe und Anerkennung, um uns glücklich zu fühlen. Wer auf dem Weg zu immer mehr Geld seine Beziehungen auf der Strecke lässt, kann sich unverhofft in eisiger Einsamkeit wiederfinden.

Das Menschliche zählt

Am Existenzminimum zu sein, macht natürlich nicht zufrieden. Aber jemand mit guten und liebevollen Beziehungen kann auch bei bescheidenen Verhältnissen ein sehr glücklicher Mensch sein. Natürlich braucht jeder zu essen, muss wohnen und sich etwas anziehen. Aber die Vorstellung davon, was ein Mensch materiell zum Leben tatsächlich benötigt, ist oft übertrieben. Die besten Dinge im Leben sind jene, die für kein Geld der Welt zu kaufen sind. Und sie kommen fast immer von den Mitmenschen.

Nicht selten verlieren die Menschen das Wesentliche aus dem Blick und sehnen sich am meisten nach dem, was sie am wenigsten brauchen. Denn mehr als alles andere brauchen wir ein Gegenüber, zu dem wir in liebevoller Beziehung stehen. Deshalb stirbt mit dem Tod eines geliebten Menschen immer ein Stück vom eigenen Glück. Darum ist das Sterben mit so großer Traurigkeit verbunden.

Der Tod hilft uns zu begreifen, was zählt. Das ist schmerzhaft, wirkt aber reinigend. Ein Todesfall kann eine starke Veränderung Ihrer Motive mit sich bringen. Plötzlich sind Ihnen neue Dinge wichtig. Und in diesen Dingen kann für Sie eine glückliche Zukunft liegen. Was macht Sie glücklich? Was ist Ihnen wichtig? Ergründen Sie Ihre Motive: Was hat Sie bisher im Leben angetrieben? Wofür haben Sie gekämpft und sich eingesetzt? Was wollen Sie?

Neue Wege zum Glück

Vielleicht beginnen Sie sich für etwas Neues zu engagieren. Vielleicht können Sie anderen helfen, die in einer ähnlichen Situation sind wie Sie. Vielleicht entdecken Sie Seiten an sich, die Sie bisher selbst noch nicht gekannt haben.

In den letzten Jahren wurde viel zum Thema Glück geforscht. Die Wissenschaft wollte feststellen, was genau uns glücklich macht. Wann fühlen wir uns am glücklichsten – einmal abgesehen vom Rauschzustand der akuten Verliebtheit? Was meinen Sie? Laut aktuellem Forschungsstand sind wir dann am glücklichsten, wenn wir mit einer Arbeit beschäftigt sind. Wenn wir uns ganz in eine Aufgabe vertiefen und es uns gelingt, mit unserem Können das Problem zu lösen oder das Pensum zu bewältigen, das ist Glück. Es ist nicht die Partnerschaft, es ist keine Traumreise, es ist weder Sex noch Geld. Es geht um die Arbeit, die wir mit Leidenschaft tun. Etwas, das wir tun können! Welch ein Segen!

»Wer die Befriedigung des Schaffens einmal erfahren hat, für den sind alle anderen Befriedigungen nicht mehr vorhanden.« (ANTON TSCHECHOW)

GLÜCKLICH IM »FLOW«

Wenn wir uns in eine Tätigkeit vertiefen und ganz darin aufgehen, kommen wir in den so genannten »Flow«, einen milden Rauschzustand zwischen Über- und Unterforderung! Unsere Begabung verbindet sich mit unserem Handeln. In der Mitte dieses Korridors, möglichst weit weg von der Versagensangst auf der einen Seite und von der Langeweile und Unterforderung auf der anderen, dort fühlen wir uns am glücklichsten, sagt die Psychologie.

Werden Sie tätig

Anhand dieser zentralen Erkenntnis sollten Sie sich überlegen, welche Tätigkeiten Ihrer Leidenschaft entsprechen und Ihnen Freude machen. Was haben Sie schon einmal ausprobiert, was noch nie getan? Was haben Sie in der Vergangenheit angefangen und dann liegengelassen? Entwickeln Sie eine neue Leidenschaft oder beleben Sie eine alte neu.

Wofür können Sie sich begeistern? Das können sehr einfache Dinge sein wie das Beobachten von Tieren in der Natur, Spazierengehen zu jeder Jahreszeit, Backen, Kochen, Lesen, Gärtnern, Haustiere, Angeln, Stricken, Sticken, Sammeln, Putzen, Schwimmen, Laufen, Briefeschreiben, Autofahren, Singen, Tanzen, Schreiben, Theaterspielen … und nicht zuletzt Ihr Beruf. Neigen Sie eher zu etwas Beschaulichem oder lieben Sie *action?* Für alles können Sie eine Leidenschaft entwickeln. Entdecken Sie Ihre Möglichkeiten.

Sie brauchen sich keineswegs dafür zu schämen, dass Sie Sehnsucht nach Freude und Glück empfinden. Das ist Ihr gutes Recht und sogar Ihre Pflicht. Denn auch Ihr Leben ist ein Geschenk, für das Sie dankbar sein sollten. Es liegt an Ihnen, wie Sie mit diesem Geschenk umgehen und was Sie daraus machen. Hegen

und pflegen Sie Ihr Leben. Schöpfen Sie Ihre Gaben und alle Ihre Möglichkeiten aus. Haben Sie kein schlechtes Gewissen! Trotzen Sie dem Unglück und stellen Sie sich ihm entgegen, indem Sie das Leben wieder in Ihre Hände nehmen und es gestalten.

ANREGUNG: **IHRE LIEBLINGSDINGE IM LEBEN**

Schreiben Sie Dinge und Tätigkeiten auf, die Ihnen Spaß machen, die Sie mit Freude erfüllen und Ihnen das Gefühl geben, dass das Leben schön ist. Forschen Sie nicht nur in der Gegenwart, sondern gehen Sie auch möglichst weit in Ihrer Biografie zurück.

- Was haben Sie als Kind gern gespielt?
- Mit welchen Menschen waren Sie gern zusammen?
- In welchen Momenten Ihres Lebens waren Sie besonders glücklich?
- Wann haben Sie das letzte Mal herzlich gelacht und worüber?

Betrachten Sie Ihre Liste und überlegen Sie, was Sie heute tun können. Gehen Sie einen kleinen Schritt voran und probieren Sie etwas Neues aus. In der Trauer steht uns eine gewisse Narrenfreiheit zu. Wir dürfen Dinge wagen, die wir uns sonst nicht trauen würden. Wenn Ihnen im Moment alles irgendwie egal ist, ist das eine gute Voraussetzung, Ihrem Leben womöglich eine überraschende Wendung zu geben. Außer Ihrer Gleichgültigkeit werden Sie nichts verlieren.

Setzen Sie einen Termin fest, an dem Sie beispielsweise einen Volkshochschulkurs beginnen, eine Tanzstunde nehmen, Farben und Pinsel kaufen, Ihre Freunde oder Nachbarn bekochen, Turnschuhe kaufen, einem Tier aus dem Tierheim ein neues Zuhause geben, einer Partei beitreten, einem Sportverein oder einem Chor und so weiter und so fort. Handeln Sie, und Sie werden erleben, dass in Ihr Leben langsam die Freude wieder Einzug hält. Dass Sie sich überhaupt aufraffen, ist dabei das Wichtigste, denn schon der kleinste Schritt beweist Ihnen, dass Sie wieder aktiv sind und dass Sie leben!

Neue Motivation

Die Endlichkeit alles irdischen Lebens ist Ihnen leider hautnah deutlich geworden. Sie haben nun prinzipiell zwei Möglichkeiten, Ihr eigenes Leben zu führen und Ihre Trauer zu verarbeiten: Entweder Sie lassen sich treiben oder Sie fassen Ziele ins Auge. Ohne Ziele werden Sie nichts tun. Aber Sie könnten einiges tun! Setzen Sie sich dabei hinweg über Vorurteile bezüglich Ihres Geschlechts, Ihrer Konstitution und Ihres Alters.

ZEIT, SICH ZU FORDERN

Vor allem wenn Krisen das Leben durchrütteln, spüren wir den Leidensdruck, der uns so aus dem Tritt und Trott bringt, dass wir bereit sind etwas zu verändern. Reißen Sie das Ruder herum, nehmen Sie einen neuen Kurs. Lassen Sie sich nicht einschränken von anderen oder von Ihren Gewohnheiten. Es ist Ihr Leben!

Haben Sie Ihre Möglichkeiten wirklich schon ausgeschöpft? Haben Sie alles in die Waagschale geworfen, um das Maximum herauszuholen? Haben Sie Ihre natürlichen Begabungen und Fähigkeiten trainiert und eingesetzt? Kennen Sie Ihre Wünsche, Träume und Ziele? Was wären Sie bereit, dafür einzusetzen?

In letzter Zeit haben Sie sicher oft über Grundsätzliches nachgedacht, denn es hat sich vieles für Sie verändert. Kehren Sie nun diesen negativen Schub in einen positiven um, indem Sie mutiger werden. Schluss mit der Apathie! Werden Sie mutig,

- leidenschaftlich zu sein und zu Ihren Gefühlen zu stehen,
- das Leben in Ihre eigenen Hände zu nehmen,
- sich weniger nach anderen zu richten,
- die Dynamik und Energie freizusetzen, die in Ihnen stecken,
- sich einzubringen zum Wohle der Welt und der Menschen.

»Lebe, wie du, wenn du stirbst, wünschen wirst, gelebt zu haben.« (CHRISTIAN FÜRCHTEGOTT GELLERT)

Es gibt so viel auf diesem Planeten zu tun! Was könnte Ihr Beitrag sein? Liebe und Leidenschaft gibt es nicht nur in der Partnerschaft oder Familie, sondern weit darüber hinaus. An allen Ecken und Enden werden helfende Hände gebraucht, werden Liebe und Freundschaft gesucht.

Wünsche, Ziele, Träume

Sicher haben sich Ihre Wünsche und Ziele durch den Todesfall verändert. Vielleicht sind Ihnen materielle Dinge wie Haus und Auto plötzlich gar nicht mehr so wichtig. Ohne den geliebten Menschen an Ihrer Seite verliert mancher Besitz an persönlichem Wert. Aber es ist jetzt nicht der richtige Moment, um alles radikal über den Haufen zu werfen. Halten Sie erst einmal inne.

Im Rückspiegel: das Leben des Toten

Das Leben des anderen ist nun vollendet. In den meisten Fällen wird es auch in der einen oder anderen Weise »erfüllt« sein. Ein Lebenskreis hat sich geschlossen – leider gegen unseren Willen und unabhängig von unserer Meinung. Nun ist die Gelegenheit gekommen, einmal genauer zu schauen, welche Träume, Wünsche und Ziele der Verstorbene hatte und was sich davon erfüllt hat. Was wissen Sie darüber? Erweisen Sie dem Verstorbenen die Ehre, über seine Biografie nachzudenken. Fassen Sie sein Leben ohne eigene Bewertung oder Beurteilung objektiv zusammen.

- Welche großen Ziele hatte der Verstorbene?
- Wollte er eine Familie gründen?

- Was wollte er im Beruf erreichen?
- Wie war sein Verhältnis zu den Verwandten und Freunden?
- Wofür hatte er eine besondere Leidenschaft?
- Was war sein Lebensmotto?
- Wer waren seine Ideale und Vorbilder?

Aus der Warte des Verstorbenen

Versuchen Sie sich zu erinnern, was für den Verstorbenen wichtig war und welche Ziele er erreicht hat. Was hat sich für den Verstorbenen erfüllt? Prüfen Sie das nicht aus Ihrer Sicht, sondern aus seiner. Es spielt keine Rolle, wie Sie sein Leben bewerten, sondern wie er selbst es bewertet hat. Fragen Sie danach, was er wollte, und nicht danach, was Sie für ihn gewollt hätten. Sicher ist manches unerfüllt geblieben, aber vieles wird so gewesen sein, wie der Verstorbene es sich gewünscht hat.

Für die meisten Menschen verläuft das Leben subjektiv zufriedenstellend. Das Maß der Zufriedenheit bestimmt jeder für sich selbst. Glück und innerer sowie äußerer Reichtum sind Ermessenssache und keine objektiven Kriterien. Wer überzogene Erwartungen hat, wird oft enttäuscht werden; der Bescheidene macht es sich leichter, zufrieden zu sein. Es kann unter Umständen für Sie tröstlich sein zu sehen, dass der Verstorbene ein für ihn glückliches Leben geführt hat. Er hat sich sein Leben so eingerichtet, wie er es konnte und wollte. Sie können es nur so belassen, wie es ist. Lassen Sie es bewusst und freiwillig gut sein.

Was hat der Tod geändert?

Durch den Tod werden wir in den Grundfesten unserer Lebensanschauung erschüttert. Sie haben schmerzhaft erfahren müssen, wie zerbrechlich alles ist und dass das Leben an einem seidenen Faden hängt. Aber der Verlust war unvermeidlich. Er bedeutet einen Verzicht auf Gewohntes und ist damit etwas wie eine Kränkung. Sie müssen diese ganz akzeptieren lernen, und das heißt, unter früher adäquate Ansprüche einen Schlussstrich zu machen. Ziehen Sie eine Bilanz der jüngeren Vergangenheit und reflektieren Sie:

- Was wurde durch den Tod beendet?
- Was haben Sie verloren?
- Was mussten Sie für immer aufgeben?
- Haben Sie das Unausweichliche eingesehen und sich ins unveränderliche Schicksal gefügt?
- Können Sie Ihr Leben wieder bejahen?

Ihre Grundbedürfnisse – und alles andere

Was macht das Leben aus? Wie jeder Mensch brauchen Sie weiterhin Nahrung, etwas zum Anziehen und ein Dach über dem Kopf. All das bekommen Sie in der Regel nicht geschenkt, sondern müssen dafür arbeiten. Das alltägliche Streben zielt darauf ab, diese Grundbedürfnisse zu stillen, aber auch Wünsche darüber hinaus zu erfüllen. In Ihrem Leben zählt nur das, was Sie wollen. Woran sich Ihre Werte orientieren, das sollten Sie sich von niemandem vorschreiben lassen. Bleiben Sie nicht stehen und geben Sie sich nicht mit einem Minimum zufrieden. Geben Sie sich vor allen Dingen nicht auf. Auch Ihnen stehen immer noch viele Wege offen. Es ist Zeit, aus der Vergangenheit in die Gegenwart zu finden und sich neu zu orientieren:

- Was hat der Todesfall an Ihren Wünschen, Träumen und Zielen geändert?
- Was hat sich an dem geändert, was Ihnen am wichtigsten war?
- Welche neuen Aspekte und Möglichkeiten sind Ihnen nun wichtig geworden?

Der Tod bringt Befreiung

Wie im universellen Kreislauf von Werden und Vergehen in der Natur gibt es Endpunkte und Neustarts, Abschlüsse und Aufbrüche auch in Ihrem Leben. Es klingt makaber, aber in der schweren Krise der Trauer liegt Ihre Entwicklungschance. Eventuell haben Sie jetzt die Chance, sich vom Materiellen etwas abzuwenden und sich mehr auf die Humanität zu verlegen. Womöglich sind Sie nie wieder so bereit wie jetzt, reinen Tisch zu machen und zu ändern, was Ihnen nicht gefällt. Menschen sind wichtiger als alle dinglichen Güter. Solange die äußeren Grundbedürfnisse gestillt sind, können Geld und Besitz ziemlich fad werden, wenn gute zwischenmenschliche Beziehungen fehlen. Umgekehrt können innige Beziehungen über einen gewissen materiellen Mangel hinweghelfen. Das Grundbedürfnis nach Liebe ist am wichtigsten.

BLICKEN SIE NACH VORN: IHR NEUES LEBEN

Vielleicht liegt eine Zeit großer Sorgen und voller Anstrengungen hinter Ihnen –, vor allem wenn der Verstorbene bereits lange Zeit krank war. Das damit verbundene Auf und Ab, das Hoffen und Bangen, an dessen Ende dann doch der Tod stärker war als das Leben, hat Sie möglicherweise vollkommen erschöpft. Vielleicht mussten Sie eigene Wünsche zurückstellen und Ihre ganze Kraft für den anderen einsetzen.

Nun aber ist Ihnen Gestaltungsfreiheit zugefallen. Ihr Dasein können vor allem Sie selbst bereichern. Ihr Glück, Ihre Zufriedenheit, Ihre leibliche und geistige Gesundheit liegen nun zu allererst in Ihrer Verantwortung und damit in Ihrem Handeln. Sie sollten jetzt Ihren Standort bestimmen und den Kurs neu abstecken.

Horchen Sie gut in sich hinein

Versuchen Sie, in allen Dingen auf Ihre innere Stimme zu hören und die Zeichen Ihres Körpers und Ihrer Seele zu fühlen. Es kann dabei auch einmal gut sein, dass Sie im Augenblick noch überhaupt nichts wollen. Sind die Wunden noch zu frisch und tun zu sehr weh, warten Sie noch eine Weile. Versuchen Sie es dann erneut.

Manchmal liegt das richtige Tun zuerst im bewussten Nichtstun. Wenn Sie dafür eine Ruhephase brauchen, verschaffen Sie sich eine Auszeit oder einen Tapetenwechsel. Vielleicht quartieren Sie sich für eine Weile woanders ein oder machen eine Reise. Oder Sie fragen Ihren Arzt nach einer Kur, um für eine Weile alles hinter sich lassen und sich ganz auf sich selbst konzentrieren zu können.

Um einen neuen Anlauf zu starten, braucht man oft zuerst einen gewissen Abstand. Aber der Tag wird kommen, an dem Sie wieder den Hunger nach Leben in sich spüren. Dann heben Sie den Kopf und richten den Blick auf die kommende Zeit.

Etappenziele für die Zukunft

Immer wenn sich ganz zaghaft in Ihnen wieder der Gedanke regt, das Leben könnte doch irgendwie weitergehen, dann lassen Sie sich ganz und gar darauf ein. Spüren Sie die Kraft des Lebens in sich. Der Drang nach Luft, Licht und Wärme – im eigentlichen wie auch im übertragenen Sinn – liegt nicht immer offen zutage, aber er ist noch da. Der Tod darf uns nicht lähmen, sondern sollte uns zum Handeln bewegen. Unsere Zeit ist begrenzt und daher einzigartig und kostbar. Das Leben erscheint im Rückblick meist eh viel zu kurz. Machen Sie das Beste aus der Zeit, die Ihnen zur Verfügung steht!

Am Anfang jeder Veränderung steht wie gesagt eine Vision: der Traum, wie es sein könnte. Wenn große Wunschträume in Erfüllung gehen sollen, kommt es darauf an, sich realistische Nahziele

zu setzen und diese Schritt für Schritt anzupeilen. Dabei nur auf das Glück zu hoffen, ist eine Möglichkeit. Eine bessere ist, mit Fleiß und Ausdauer auf seine Ziele hinzuarbeiten. Im ersten Schritt denken Sie immer wieder über Ihre eigenen Wünsche, Träume und Ziele nach. Sie können diese dann, wenn nötig, korrigieren.

ANREGUNG: **DEN STATUS QUO BESTIMMEN**

Machen Sie eine ehrliche Bestandsaufnahme Ihres Lebens. Stellen Sie sich zum Beispiel die folgenden Fragen.

- Wie sah das vergangene Jahr aus?
- Wie haben Sie es verbracht?
- Was war schön und was war schlecht?
- Was hat sich völlig anders entwickelt, als Sie es vorausgedacht und erhofft hatten?
- Wie hat sich Ihr eigenes Leben entwickelt?
- Was war daran gut und was war nicht so gut?
- Wie gestaltet sich Ihr Leben jetzt?
- Was haben Sie in den zurückliegenden vier Wochen getan?
- Wie fühlen Sie sich und was könnten Sie tun, damit Sie sich besser fühlen?
- Welche Wünsche und Träume haben Sie für die Zukunft?
- Wie könnte diese Zukunft real aussehen?

Was bremst Sie und hindert Sie daran, das Leben zu führen, das Sie sich wünschen? Nehmen Sie all Ihre Entschlusskraft und Ihren ganzen Durchhaltewillen zusammen und packen Sie wieder an. Um etwas tun zu können, brauchen Sie immer einen Antrieb und ein Ziel. Das beginnt im Kleinen schon morgens beim Aufstehen und umfasst im Großen das Weiterleben nach der Erfahrung eines Todesfalles und all dem Schmerz und der Trauer.

ANREGUNG: IDEEN SAMMELN UND IN AKTION TRETEN

Schreiben Sie auf, was Sie heute, morgen und übermorgen tun können. Und zwar in den folgenden Bereichen:

- Was können Sie tun, um sich seelisch besser zu fühlen?
- Wie können Sie Ihren körperlichen Zustand verbessern?
- Auf welche Weise können Sie das Verhältnis zu Ihrer Familie, zu Freunden und Verwandten verbessern?
- Womit können Sie den Kontakt zu den Nachbarn und Kollegen verbessern?
- Was können Sie beitragen, um die Welt in Ihrem unmittelbaren Einflussbereich zu verbessern?

Überlegen Sie, was Sie tun können. Und dann tun Sie es – oder versuchen Sie es zumindest beharrlich.

Erst herbeiträumen, dann verwirklichen

Es ist nicht leicht, eingefahrene Geleise zu verlassen, alte Gewohnheiten abzulegen und Neues zu beginnen. Aber auch Sie können es schaffen. Wir haben bereits von der Macht der Visualisierung gesprochen (siehe ab Seite 91). Sie ist ein gangbarer Weg, Pläne zu entwerfen und Lösungen zu finden. Versuchen Sie, wenn Sie in Ihrer Trauerarbeit weit genug vorangeschritten sind, langsam ein Bild Ihrer Zukunft zu entwerfen. Dabei wird nichts mehr sein wie früher. Sie werden Neuland betreten. Was Sie dort wohl erwartet?

Kämpfen Sie um Ihre Zukunft!

Am Anfang steht die Aufgabe, darüber nachzudenken, was Sie wollen. Wenn Sie es schaffen, Pläne für die vor Ihnen liegende Zeit zu schmieden, dann wird es Ihnen auch gelingen, die nötigen

Schritte dafür vorwärts zu gehen. Überlegen Sie also, was Sie mit der Zeit anfangen wollen, die Ihnen auf der Erde bleibt:

- Was möchten Sie tun?
- Was in Ihrem Leben möchten Sie verändern?
- Wollen Sie sich beruflich verändern?
- Wo wollen Sie leben?
- Wollen oder müssen Sie umziehen?
- Wie soll Ihr Umfeld aussehen?
- Mit wem möchten Sie Gemeinschaft haben?
- Wer sollen Ihre Freunde sein?
- Was wollten Sie schon immer einmal tun?
- Wie sollte sich Ihr Leben weiterentwickeln?
- Was wünschen Sie sich und welche Erwartungen haben Sie?
- Was können Sie tun, um Ihr künftiges Leben so zu gestalten, wie Sie es sich vorstellen?
- Entwerfen Sie einen Stufenplan für Ihre Zukunft:
  1. Stufe: 3 Tage
  2. Stufe: 3 Wochen
  3. Stufe: 3 Monate
  4. Stufe: 3 Jahre

Rückzug und Vorstoß im Wechsel

Suchen Sie sich regelmäßig Auszeiten oder wenigstens Momente, in denen Sie sich zurückziehen und Energie sammeln können. Nutzen Sie die schöpferischen Pausen und malen Sie immer wieder in Ihrem Inneren Bilder Ihres künftigen Lebens. Begraben Sie auf keinen Fall Ihre Träume. Suchen und erwarten Sie neue. Sie sind ein einzigartiger Mensch und haben einzigartige Begabungen. Ihnen ist ein Leben geschenkt, Ihr eigenes, für das Sie Verantwortung tragen. Suchen Sie die Menschen, die auf Sie warten und Sie brauchen. Ihre Liebe und Zuwendung sind gefragt wie eh und je.

ZUKUNFTSTHEMA: IHR EIGENER TOD

Eines Tages werden wir sterben – jeder von uns. Das ist die bittere Wahrheit. Aber haben Sie sich schon einmal mit diesem Gedanken wirklich konkret und im Ernst vertraut gemacht? Meist scheint der Tag des Todes irgendwo in nebliger Ferne zu liegen, auf jeden Fall weit weg. Selbst wenn Sie bereits sehr alt oder schwerkrank sein sollten, weichen Sie vielleicht dem Gedanken an Ihr eigenes Sterben lieber aus. Es fällt nicht leicht, sich auf den Tod vorzubereiten, aber es ist nützlich, die Scheu davor zu verlieren und die letzten Dinge so zu regeln, wie Sie es möchten.

Testament

Sie können ein öffentliches Testament errichten, das Sie – offen oder auch verschlossen – bei einem Notar hinterlegen oder mit dessen Hilfe schreiben. Es wird dann beim Nachlassgericht amtlich verwahrt. Oder Sie verfassen ein privatschriftliches Testament und sorgen selbst für dessen Aufbewahrung und Auffindbarkeit. Beide Formen sind gültig und verbindlich. Ein privatschriftliches Testament muss komplett in Handschrift verfasst sein. Es muss mit Ort und Datum sowie Ihrer üblichen Unterschrift versehen sein.
Vieles ist zu bedenken und zu entscheiden:

- Wer soll was erben?
- Welche Pflichtteile sind zu berücksichtigen?
- Wollen Sie Teile des Vermögens jemandem unter bestimmten Bedingungen vermachen? Sie können etwa zur Auflage machen, dass der Erbe für die Pflege Ihres Grabs sorgen muss.
- Wenn Sie minderjährige Kinder haben, wer kann oder soll sich im Ernstfall um sie kümmern?

- Haben Sie Haustiere? Was soll aus ihnen werden?
- Möchten Sie einen Teil Ihres Nachlasses für einen guten Zweck spenden oder eine Stiftung gründen?

Nachlassregelung

Erstellen Sie eine Liste Ihrer Vermögenswerte, also der nennenswerten dinglichen Besitztümer sowie Konten, Versicherungen, Beteiligungen, Forderungen et cetera. Listen Sie ebenso Ihre Schulden oder offenen Verpflichtungen wie Kredite und Hypotheken auf. Heften Sie alle einschlägigen Unterlagen, Policen, Akten und Verträge in einem Ordner ab und unterrichten Sie Personen Ihres Vertrauens darüber, wo sich dieser Ordner befindet.

Verfügungen und Vollmachten

Eine Patientenverfügung kommt in Betracht, wenn Sie für Ihren eigenen eventuellen Krankheits- oder Pflegefall nichts dem Zufall überlassen, sondern vorher bestimmen wollen, wer in welcher Weise und in welchem Ausmaß Ihre Interessen vertreten soll. Außerdem können Sie darin festlegen, wie und in welchem Umfang Sie medizinische Hilfe in Anspruch nehmen beziehungsweise ablehnen möchten. Zu einer Patientenverfügung gehört möglichst auch die Vorsorgevollmacht für den Fall, dass Sie in eine Situation geraten, in der Sie nicht mehr selbst entscheiden können.

Für beide Arten von Verfügungen gibt es Vordrucke und Textbausteine, die Sie beispielsweise vom Bundesjustizministerium oder den Verbraucherzentralen beziehen können. Auch Ihr Hausarzt kann Ihnen diesbezüglich weiterhelfen. Er kann Sie außerdem beraten und die Verfügung mitunterschreiben, um die medizinische Beratung zu bestätigen.

Patientenverfügung

Eine Patientenverfügung sollte immer persönlich und individuell abgefasst sein. Setzen Sie die Textbausteine gewissenhaft nach Ihren Wünschen und Vorstellungen zusammen. Benennen Sie sowohl Ihre Behandlungswünsche als auch die Behandlungsformen, die Sie ablehnen. Informieren Sie Ihre Angehörigen oder Bevollmächtigten über Ihre Wünsche, damit sie diese in Ihrem Auftrag durchsetzen. Die Patientenverfügung verbleibt bei Ihnen, damit Sie sie jederzeit ändern und ergänzen können.

Vorsorgevollmacht

Für die Vorsorgevollmacht reicht ein einfaches Schreiben aus. Allerdings sollten Sie dieses, wenn es um wichtige Vermögenswerte geht, notariell beglaubigen lassen. Beachten Sie, dass auch Ihr Ehepartner eine Vollmacht braucht, um Entscheidungen für Sie treffen zu können. Hinterlegen Sie die Vorsorgevollmacht bei demjenigen, den Sie bevollmächtigen.

Wie wollen Sie bestattet werden?

Ja, auch diese Frage ist legitim, denn sie stellt sich nun mal früher oder später. Auch wenn es sich um ein Tabuthema handelt, sollten Sie den aktuellen Sterbefall zum Anlass nehmen, für sich selbst die gewünschten Festlegungen zu treffen und mit den Ihnen Nahestehenden darüber zu sprechen. Informieren Sie sich über die Möglichkeiten in Ihrer Umgebung. Klären Sie Ihren Hinterbliebenen zuliebe am besten zu Lebzeiten die Kosten.

Sollten Sie bestimmte Vorstellungen und Wünsche hinsichtlich Ihrer Beisetzung haben, teilen Sie diese den Betroffenen mit oder legen Sie sie schriftlich nieder. Die hauptsächlichen Varianten sind Körperbeerdigung auf einem Friedhof einerseits

und Feuerbestattung andererseits (dazu siehe auch ab Seite 46). Für die Beisetzung der Asche gibt es viele Möglichkeiten: Sie kann auf dem Friedhof in einer Urne in einem Grab oder einer Urnennische beigesetzt oder auch auf See bestattet werden. Ferner kann die Urne in einem dafür ausgewiesenen Friedwald oder auf einer entsprechenden Wiese begraben werden.

ANREGUNG: **DAS TABU BRECHEN**

Über die Themen Sterben und Tod wird im Allgemeinen nicht gesprochen. Heben Sie das Tabu für sich auf, denn Sie sollten sich aktiv mit diesen Themen beschäftigen. Dadurch werden Sie Ihre Scheu verlieren und lernen, offener und gelassener mit den »letzten Dingen« umzugehen. Auch für Ihre jetzige Trauer ist es hilfreich, sich dem Thema Tod immer wieder auch auf sachlicher Ebene zu nähern. Denken Sie also über Ihr eigenes Sterben und Ihr eigenes Begräbnis nach.

- Wie, in welcher Umgebung und unter welchen Umständen möchten Sie Ihre letzten Stunden verbringen?
- Wer soll bei Ihnen sein?
- Möchten Sie zu Hause sterben, in aller Ruhe und im Kreise Ihrer Lieben, oder lieber im Krankenhaus, betreut von Fachkräften?
- Sind Sie bereit Organe zu spenden, um andere am Leben zu erhalten?
- Was sollen Ihre letzten Gedanken sein, Ihre letzten Worte?
- Wie sollen sich Ihre Hinterbliebenen später an Sie erinnern?
- Wie und wo möchten Sie begraben werden?
- Wünschen Sie eine bestimmte Form der Trauerfeier?
- Haben Sie spezielle Wünsche für die künstlerische Gestaltung der Feier beziehungsweise des Grabs: Musik, Texte, Inschriften, Pflanzen ...

Denken Sie in Ruhe über alles nach. Nicht nur der Verstorbene ist vom Tod betroffen, auch Sie selbst. Und auch in der Trauer geht es nicht nur um den Verstorbenen, sondern ebenso um Sie und darum, wie Sie mit Ihrer Endlichkeit leben können.

Nicht nur Sie sind betroffen

Denken Sie nach, was Sie für sich möchten, und sprechen Sie mit Ihren Angehörigen. Die Meinungen darüber, wie und wo eine Beisetzung stattfinden soll, können weit auseinandergehen. Manch einer möchte den Hinterbliebenen »keine Arbeit machen« und seine Asche deshalb auf der grünen Wiese oder in einem anonymen Urnenhain bestatten lassen. Damit sind die Hinterbliebenen aber vielleicht nicht einverstanden, weil sie für ihre Trauerarbeit wissen wollen, wo sich das Grab befindet. Eine Einigung darüber im Vorfeld wäre für alle Beteiligten wünschenswert.

IHR NEUES LEBEN GESTALTEN

Wenn nach und nach in Ihnen der Wunsch gereift ist, Ihrem Leben wieder aktiv eine Richtung zu geben, dann versuchen Sie, Ihre Lebensführung passend zur gegebenen Situation neu zu gestalten. Berücksichtigen Sie die folgenden Hauptkriterien und -bereiche.

Durch Einfachheit zur Konzentration

Am Beginn der Veränderung steht das Aufräumen und Entrümpeln, und zwar sowohl im wörtlichen als auch im übertragenen Sinn. Geben Sie sich einen Ruck und befreien Sie sich von allem äußeren und inneren Ballast. Vereinfachen Sie Ihr Leben, indem Sie sich auf das Wesentliche konzentrieren. Verschwenden Sie Ihre kostbare Zeit nicht mit Tätigkeiten, die Sie nicht mögen.

Am wichtigsten ist, dass Sie mit Ihrer Lebenszeit gut haushalten. Stellen Sie überkommene Gewohnheiten auf den Prüfstand und hinterfragen Sie Ihre Lebensweise selbstkritisch:

- Wie viel Zeit wenden Sie fürs Einkaufen, Kochen, Putzen und Waschen auf?
- Was davon macht Ihnen Spaß?
- Kaufen Sie gern ein?
- Kochen Sie gern?
- Putzen Sie gern?
- Lieben Sie Wäschepflege?

Wenn Sie eine dieser notwendigen Verrichtungen nicht mögen, dann optimieren Sie sie. Versuchen Sie, die alltäglichen Abläufe zu vereinfachen und auf das Nötige zu reduzieren. Kaufen Sie sich gute Geräte, die Ihnen die Arbeit abnehmen. Prüfen Sie darüber hinaus, ob und wie Sie Ihren Haushalt verschlanken können:

- Auf welche Dinge können Sie verzichten?
- Was können Sie verschenken oder entsorgen?

Steht weniger herum, haben Sie mehr Raum und müssen weniger aufräumen und putzen. Legen Sie Ihre Energie in die Aktivitäten und Dinge, die Sie lieben.

Lebensrhythmus und Zeitstruktur

Verhindern Sie Eintönigkeit und Langeweile, indem Sie Ihrem Alltag Rhythmus und zeitliche Struktur verleihen. Dabei geben Ihnen die natürlichen Tages- und Jahresrhythmen eine gute Leitlinie. Ein gesunder Lebensrhythmus richtet sich nach der Sonne; am Tag wird also gearbeitet und in der Nacht geschlafen. Im Frühling, Sommer und Herbst ist man im Allgemeinen aktiver als in der kalten Jahreszeit.

Lassen Sie auf jede Phase von Anspannung und Dynamik eine Phase der Sammlung und Ruhe folgen. Wir brauchen Zeit, um Kraft zu schöpfen. Wir können nur dann konzentriert etwas leisten, wenn wir uns nach getaner Arbeit ausreichend erholen.

Ziele, Wege, Meilensteine

Eventuell sollten Sie überkommene Wunschvorstellungen verwerfen und neue Lebensziele finden, die der veränderten Situation Rechnung tragen. Damit Ihnen die erarbeiteten Resultate bewusst werden, kann es hilfreich sein, bestimmte Zielmarken schriftlich festzulegen und abzuhaken, wenn sie erreicht sind. Seien Sie gerecht zu sich selbst und erkennen Sie Ihre Leistungen an.

Nach einem Trauerfall kann es sein, dass Sie bestimmte Dinge nicht mehr sehen oder tun können, weil sie Sie zu sehr an Ihren Schmerz erinnern. Setzen Sie sich das Ziel, Stück für Stück das Terrain zurückzuerobern. Machen Sie sich jeden kleinen Teilschritt bewusst und verbuchen Sie ihn als Sieg.

Unterscheiden Sie zwischen Ihren eigenen Zielen, Wünschen und Träumen und den Erwartungen anderer an Sie. Versuchen Sie beides in einem gesunden Gleichgewicht zu halten.

Bewegung, Bewegung, Bewegung

Körperliche Bewegung ist ein Königsweg zu mehr Wohlbefinden. Was können Sie auf diesem Gebiet ab jetzt für sich tun? Vielleicht beginnen Sie mit einem regelmäßigen Sport. Überlegen Sie sich, welche Sportart Ihnen am besten entspricht, welche Sie in Ihrer Umgebung praktisch ausüben können. Und dann probieren Sie etwas aus, das Sie sich fürs Erste zutrauen.

Sie brauchen keinem Sportverein beizutreten; es genügt, wenn Sie einige Male pro Woche spazieren gehen. Die positive Wirkung von Spazierengehen an der frischen Luft kann nicht hoch genug eingeschätzt werden. Es klingt fast zu simpel, ist leicht und noch dazu völlig kostenlos, aber ein flotter Spaziergang wirkt Wunder für Körper, Geist und Seele. Er hält Sie beweglich, gibt Ihnen frische Energie, hebt Ihre Stimmung und verbessert den Schlaf.

Beziehungen: Vitamin B als Lebenselixier

Wenn Sie mit dem Verstorbenen eine sehr innige Beziehung über einen langen Zeitraum gehabt haben, ist die Umstellung für Sie natürlich besonders hart. Sie wissen vielleicht gar nicht mehr, wie Sie einmal ohne den anderen zurechtgekommen sind, und haben vielleicht kaum Kontakte gepflegt. Aber es gab eine Zeit vor Ihrem Miteinander, und jetzt gibt es die Zeit danach.

Sie sind ein soziales Wesen; Ihre Beziehungen zu Mitmenschen wirken sich daher unmittelbar auf Ihr Wohlbefinden aus. Ziehen Sie sich also nicht ins Schneckenhaus zurück, sondern suchen Sie den Kontakt zu Menschen jeden Alters und beiderlei Geschlechts. Investieren Sie einen angemessenen Teil Ihrer Zeit und Energie in gute zwischenmenschliche Kontakte. Überlegen Sie auch, mit wem es noch ungeklärte Probleme gibt, und tun Sie von Ihrer Seite aus alles, um Differenzen zu bereinigen. Manche Kontakte sollte man allerdings aus Gründen der psychischen Hygiene lieber meiden.

ANREGUNG: **KONTAKTE PRÜFEN**

Ein gutes Miteinander motiviert und bringt Sie voran. Es liegt aber nicht allein in Ihrer Hand, wie Ihre Kontakte aussehen. Manchmal kann man sich Mühe geben, so viel man will, aber die Begegnungen bleiben oberflächlich oder sind von Missverständnissen oder Streit geprägt. Durchforsten Sie Ihre Beziehungen – erst in Ihrer Familie und dann darüber hinaus. Seien Sie dabei mutig und ehrlich zu sich selbst.

- Welche Mitmenschen geben Ihnen Kraft und sind Ihnen wichtig?
- Welche Kontakte belasten oder überanstrengen Sie eher?
- Mit wem wünschen Sie sich engeren Kontakt?
- Welche Beziehungen könnten Sie verbessern, indem Sie daran arbeiten? Welche möchten Sie lieber auslaufen lassen?

Neues wagen

Niemand hat uns versprochen, dass dieses Leben einfach wird. Aber es enthält viel Schönes und Bereicherndes, Tiefes und Glückliches. Was haben Sie noch zu verlieren angesichts des Todes? Vielleicht ist jetzt für Sie wirklich der Zeitpunkt gekommen, etwas zu tun, was Sie schon immer tun wollten.

Spüren Sie das Leben wieder, erweitern Sie Ihren Horizont und betreten Sie Neuland. Dazu müssen Sie nicht gleich einen Siebentausender besteigen oder in der Tiefsee tauchen. Schauen Sie sich erst einmal in Ihrer Nähe um. Was finden Sie interessant? Worüber wollten Sie schon immer gern mehr wissen? Womit würden Sie gern wieder anfangen, was neu ausprobieren?

Lassen Sie sich nicht von anderen vorschreiben, wie Ihr Leben auszusehen hat. Fragen Sie Ihr Herz und Ihren Verstand, was für Sie gut und richtig ist. Und dann tun Sie es einfach. Seien Sie kühn. Glauben Sie auch an scheinbar Unmögliches.

Noch einmal: Abgeben bereichert

Es erscheint paradox, aber das Geben macht uns als erwachsene Menschen unbedingt glücklicher als das Nehmen. Die alte Weisheit aus der Bibel stimmt noch heute: Geben ist seliger denn Nehmen. Probieren Sie es aus!

Es gibt immer Menschen, die Ihre Hilfe brauchen. Wem könnten Sie heute eine Freude machen und womit? Entziehen Sie sich nicht den Lebenden. Wir sind mehr den Lebenden und uns selbst verpflichtet als den Toten.

Erwarten Sie im Gegenzug für Ihre Wohltaten, Aufmerksamkeiten oder Geschenke nicht in erster Linie den Dank des Empfängers. Erfreuen Sie sich vielmehr an der Tatsache, dass Sie so »reich« sind, dass Sie davon abgeben und Gutes tun können.

IM NEUEN GLEICHGEWICHT LEBEN

Um ein insgesamt ausgeglichenes Leben führen zu können, sollten Sie Balance in jeder Hinsicht anstreben. Nicht nur die vielzitierte ausgewogene Ernährung ist ein wichtiger Baustein für ein gesundes Leben. In allen Bereichen braucht es eine Ausgewogenheit, ein inneres und ein äußeres Gleichgewicht.

Zum äußeren Gleichgewicht zählen etwa die Aspekte der körperlichen Fitness, der Anspannung und Entspannung sowie die Beziehungen. Die innere Balance verlangt nach einer Übereinstimmung von Gedanken und Gefühlen, nach Orientierung auf positive Inhalte wie Dankbarkeit und Liebe sowie nach beständiger Inspiration von außen und dem Erlernen neuer Verhaltensweisen.

Weiterleben nach der Trauer

Wir wissen nicht, ob es ein Leben nach dem Tod gibt. Aber es gibt ein Leben nach der Trauer! Es ist nun ein anderes Leben, denn Sie sind durch den Verlust sozusagen verwundet worden. Die Wunden verheilen zwar langsam, aber es bleiben Narben zurück. Diese erinnern an die Verletzung und den Schmerz. Sie werden diese Wundmale durch Ihr gesamtes weiteres Leben mit sich tragen. Sie sind ein Zeichen für das, was Sie durchgemacht haben, bedeuten aber auch, dass Sie als Mensch gereift sind.

Aber Sie leben noch! Sie fühlen sich vielleicht nicht mehr so heil und ganz wie zuvor, aber Sie sind am Leben. Sie dürfen und sollen in dieser Welt bleiben. Ihr Platz ist bei den Lebenden!

Um neue Perspektiven zu entwickeln, müssen Sie erst einmal ganz zur Ruhe kommen. Lassen Sie sich Zeit, denn durch Hast und Eile wird unser Leben nicht bereichert, sondern beeinträchtigt. Es kommt nicht darauf an, möglichst viel zu tun, sondern vor allem das Richtige. Ihr innerer Kompass wird Ihnen den Weg weisen. Es gibt ein breites Angebot von Unternehmungen in den Bereichen Gesellschaft, Kunst, Sport und Natur. Vielleicht beginnen Sie jetzt mit etwas Neuem in Ihrem Privatleben.

Beruf: zwischen Broterwerb und Berufung

Wenn Sie berufstätig sind, ist Ihre andere große Lebenssphäre das Erwerbsleben. Unter Umständen sind berufliche Veränderungen nötig oder zumindest wünschenswert. Ihr Beruf sollte möglichst auch Berufung sein. Sie können nur dann Höchstleistungen vollbringen, wenn Sie mit Leidenschaft und Freude bei der Sache sind. Ist der Beruf nur eine Last, läuft etwas schief. Sicher haben Sie nicht jeden Tag gleich viel Spaß an Ihrer Tätigkeit. Aber grundsätzlich sollte das, was Sie tun, Ihren Begabungen und Vorlieben entsprechen. Ihre Zeit ist zu kostbar, um sie zu verschwenden.

ANREGUNG: **GRUNDFRAGEN ZUR ARBEIT**

Überlegen Sie, ob und gegebenenfalls welche Veränderungen für Sie im Beruf anstehen. Wo sehen Sie sich und Ihre Tätigkeit im Spannungsfeld zwischen materieller Notwendigkeit und frei gewählter Selbstverwirklichung? Sehen Sie Spielräume für eine Optimierung?

Sie und der Beruf

	Beruf	**Berufung**
Warum arbeiten?	Weil ich muss.	Weil ich will.
Wofür arbeiten?	Um das nötige Geld zu verdienen.	Um Spaß und Anerkennung zu bekommen.
Weshalb diese Arbeit?	Weil mir nichts Besseres einfällt.	Weil ich sie beherrsche und sie mir entspricht.

Gesundheit ist Lebensqualität

Nach dem außerordentlichen Stress der Trauer müssen Sie sowohl seelisch als auch körperlich zu neuen Kräften kommen. Wie steht es gesundheitlich um Sie? Wie fühlen Sie sich? Haben Sie körperliche Beeinträchtigungen oder Schmerzen? Wenn ja, sollten Sie jetzt etwas dagegen unternehmen. Was könnten Sie tun, um Ihre Schmerzen zu lindern und Ihren Alltag besser zu bewältigen? Sind Sie beständig niedergeschlagen und traurig?

Achten Sie auf sich – auf Körper, Geist und Seele. Gehen Sie gut mit sich um. Schon kleine Veränderungen werden auf Dauer zu großen Wirkungen führen. Der Genuss darf dabei nicht zu kurz kommen. Was Sie sich guten Gewissens gönnen dürfen, ist eine Frage des richtigen Maßes. Ein gesundes Mittelmaß ist immer noch der beste Weg. Eine von Extremen freie Lebensweise hilft uns, zur Balance zurückzufinden. Hören Sie dabei auf Ihren Verstand und auf Ihren Körper. Ihr Verstand sagt Ihnen, was gut für Sie ist, und Ihr Körper gibt Ihnen Zeichen. Anzeichen für ein körperliches Ungleichgewicht sind vor allem:

- Herzrasen und Bluthochdruck,
- Kopfweh und Bauchschmerzen,
- Schlafstörungen und innere Unruhe sowie
- Müdigkeit und Antriebslosigkeit.

Kleine Sofortmaßnahmen

Gegen die genannten Beschwerden sollten Sie aktiv etwas unternehmen. Fangen Sie mit kleinen Veränderungen an. Nehmen Sie sich beispielsweise diese Punkte vor:

- Morgens nach dem Aufstehen und abends vor dem Zubettgehen ein großes Glas Wasser trinken.
- Täglich ein Pfund frisches Obst und Gemüse essen.
- Täglich eine halbe Stunde flott spazieren gehen.

- Möglichst oft zu Fuß gehen, statt zu fahren.
- Eine Mittagsruhe halten, so oft Sie es einrichten können.

Spüren Sie sich und Ihren Körper. Er tut so viel für Sie, auch wenn Sie gar nicht daran denken. Tun Sie auch etwas für ihn. Gehen Sie auf die Bedürfnisse Ihres Körpers ein. Hegen und pflegen Sie ihn. Um nach einem Trauerfall wieder zu Kräften zu kommen, ist mehr nötig, als einfach weiterzumachen wie bisher. Gestehen Sie sich eine Erholungsphase zu. Achten Sie auf sich und reinigen Sie Ihre Gedanken und Gefühle durch Achtsamkeit und Meditation. Wenn Sie auf Dauer nicht vorankommen, lassen Sie sich von Ihrem Hausarzt beraten beziehungsweise suchen Sie therapeutische Hilfe (siehe dazu Seite 80) oder eine geeignete Gruppe (Seite 141).

Alltag im Rhythmus

Um ins Gleichgewicht zu kommen und Stress weitestgehend zu vermeiden, gibt es eine sehr einfache Methode: Lassen Sie auf Zeiten der Anspannung immer eine angemessene Periode der Entspannung folgen! Sie können viel leisten, wenn Sie sich ausreichend erholen. Betrachten Sie einmal Ihren Tagesablauf unter dem Aspekt der Regeneration. Wann und wie lange machen Sie Pause und wie gestalten Sie Ihre Ruhezeiten?

Die Pausen richtig nutzen

Arbeitsrechtlich gesehen hat jeder Beschäftigte für maximal sechs Stunden Arbeitszeit einen Anspruch auf 30 Minuten Pausenzeit. Bei neun Arbeitsstunden verlängert sich die Pause auf 45 Minuten. Diese Zeit muss dem Mitarbeiter zur freien Verfügung stehen, und er kann sie auf mehrere kürzere Pausen aufteilen. Diese Zeiten sind knapp bemessen! Umso wichtiger ist es, dass Sie in diesen Minuten etwas tun, was Sie wirklich entspannt.

Auch die Abendstunden und das Wochenende sollten der Entspannung und Regeneration dienen. Je mehr wir zu tun haben, umso mehr müssen wir uns danach ausruhen. Unsere Kraftreserven sind nicht unbegrenzt. Unsere Batterien müssen regelmäßig aufgeladen werden; sonst geht irgendwann gar nichts mehr.

Im Einklang mit der inneren Uhr

In allem ist Rhythmus und Takt. In diesem Rhythmus spielen Sie die Melodie Ihres Lebens – manchmal in Dur und manchmal in Moll. Nach dem Biorhythmus Ihres Körpers sollten Sie Ihre Schlaf- und Wachzeiten einrichten. Er bestimmt, wann Sie sich besonders gut konzentrieren können und wann Sie Ruhe brauchen. Indem Sie Ihr Leben gut auf Ihre innere Uhr einstellen, halten Sie sich gesund und leistungsfähig.

Machen Sie sich ein Bild davon, wie Ihr Körper »tickt« und richten Sie sich danach, so weit es geht. Überprüfen Sie Ihren persönlichen Biorhythmus und beobachten Sie sich:

- Wie viel Schlaf brauchen Sie, um sich ausgeruht und tatkräftig zu fühlen?
- Wann verspüren Sie Ihre höchste Leistungsbereitschaft und Konzentration?
- Wie können Sie sich am besten entspannen?

Mit Disziplin zum Tagesrhythmus

Erstellen Sie einen Tagesplan, in welchem Sie festlegen, wann Sie zu Bett gehen und wann Sie aufstehen. Tragen Sie Ihre Essenszeiten ein und essen Sie nur zu diesen Zeiten. Tragen Sie ein, wann und wie lange Sie arbeiten und achten Sie auf ausreichende Pausen. Überlegen Sie, wie Sie die Pausen so ausfüllen, dass Sie sich danach erfrischt und ausgeruht fühlen. Manche brauchen frische Luft, andere eher ein Nickerchen.

Im Einklang mit dem Kalender

Auch der Wochen- und Jahresrhythmus hat Einfluss auf Ihr Wohlbefinden und Ihre Tatkraft. Auch in diesem größeren Maßstab wechseln Anspannung und Entspannung einander ab. Wenn Sie wochentags arbeiten und Leistungen erbringen müssen, sollten die Wochenenden wirklich zum Ausruhen da sein. Nehmen Sie den Kalender als Metronom für Ihr Leben.

Auch wenn Sie nicht berufstätig sind, sollten Sie sich Arbeiten für die Werktage vornehmen und sie mit etwas Disziplin umsetzen. Als Arbeit ist nicht nur bezahlte Arbeit zu verstehen. Auch Heimwerken, Haus- und Gartenarbeit, Besuchsdienste, Einkaufen und so weiter sind Tätigkeiten, die uns Kraft kosten.

Nutzen Sie nach der anstrengenden Woche den Sonntag, um sich selbst zu verwöhnen und zu belohnen. Erledigen Sie nicht gerade dann den Hausputz. Sonntags sollten Sie sich möglichst nichts Stressiges vornehmen und ausgiebig relaxen. Genießen Sie die Zeit, indem Sie Körper und Geist pflegen. Dann starten Sie montags motiviert in den Alltag.

Teile und herrsche

»Divide et impera!«, lautet diese antike lateinische Redewendung im Original. Sie ist ein bewährtes Universalrezept für alles Unüberschaubare und Schwierige. Die Strategie, die schwere Zeit in handliche Abschnitte mit bestimmten Inhalten einzuteilen, hilft Ihnen, sie besser zu bewältigen. Auf diesem Weg werden Sie nach dem Todesfall Ihr Leben wieder in den Griff bekommen.

Auch wenn Sie anfangs nur roboterhaft und wie in Trance Ihrem Plan folgen können, werden sich mit der Zeit auch wieder positive Empfindungen einstellen. Das Erreichen von Zielen, jeder kleine Erfolg, der durch Anstrengung und Mühe erzielt wird, ist mit guten Gefühlen verbunden. Erfolge sind in der Trauerzeit zum Beispiel

die Momente, in denen Sie Hoffnung schöpfen und die Ihnen das Gefühl geben, dass Sie es auf die Dauer schaffen werden. Allein Ihr erwachender Überlebenswille ist schon ein Erfolg auf dem Weg der Trauerverarbeitung. Ebenso Ihr Mut, tapfer weiterzugehen und nicht zu verzweifeln. Es ist auch ein Erfolg, wenn Sie in der Trauerzeit die Kraft finden, Dinge zu verändern und Ihrem Leben eine neue Wendung zu geben.

Wenn Sie Ihr Leben wieder mit einer Struktur versehen und sich neue Ziele setzen können, ist das ein großer Erfolg Ihrer Trauerarbeit. Und mit diesen vom Verstand geleiteten äußeren Veränderungen werden sich auch Ihre Gefühle wieder in positiver Weise verändern. Durch Ihr tapferes Handeln – entgegen aller Trauer – werden Sie alle Hindernisse überwinden und weiterleben.

»Daß wir erschraken, da du starbst,
nein, daß dein starker Tod uns dunkel unterbrach,
das Bisdahin abreißend vom Seither:
Das geht uns an; das einzuordnen
wird die Arbeit sein, die wir mit allem tun.«

(RAINER MARIA RILKE)

NACHWORT

Liebe Leidtragende! Was könnte wirklich helfen, wenn ein geliebter Mensch für immer geht? In einem Trauerfall kann man nicht allzu viel ausrichten. Ich habe hier versucht, Ihnen ein möglichst breites Spektrum an Möglichkeiten vorzustellen, um wenigstens einen Funken der Hoffnung in Ihnen zum Aufleuchten zu bringen.

Inhaltliche Grundlage sind vor allem meine Erfahrungen mit Hinterbliebenen und meine selbst erlebte Trauer. Manche Familien habe ich als Trauerrednerin schon mehrmals besuchen müssen. Dabei ist es tröstlich zu sehen, dass die Angehörigen sich doch ein gutes Maß an Lebensfreude erkämpfen und zurückgewinnen, auch wenn ein Todesfall sie erschüttert hat.

Wenn das Buch Sie anregen könnte, Ihr Leben aus einem neuen Blickwinkel zu betrachten und wieder mehr nach vorne zu schauen, wäre mein schönstes Ziel erreicht. Vielleicht finden Sie die Kraft, gewohnte Wege zu verlassen und entdecken in sich Begabungen, die Sie bisher unterdrückt oder noch nicht gekannt haben. Vielleicht trauen sich mehr zu als früher, vielleicht wird Ihnen nun deutlicher, was Sie im Leben wirklich wollen und was nicht.

In meinem Herzen habe ich immer einen Platz für Menschen in Trauer. So gelten auch Ihnen, die Sie dieses Buch in der Hand halten, meine Gedanken und mein Mitgefühl. Ich wünsche Ihnen alles Gute und dass Ihr schwerer Weg durch die Trauer nicht zu lang sein wird.

Und dies soll die Botschaft dieses Buches sein: Geben Sie nicht auf und verlieren Sie Ihre Hoffnung nicht. Allem Leid zum Trotz bleibt das Leben doch lebenswert und hält immer wieder auch Schönes für Sie bereit! Dass Sie dieses Schöne finden und annehmen können, das wünsche ich Ihnen.

Ihre Petra Franke

BÜCHER, DIE WEITERHELFEN

Bücher aus dem GRÄFE & UNZER VERLAG, München

Eßwein, J.: Achtsamkeitstraining. Mit CD

Mannschatz, M.: Meditation. Mehr Klarheit und innere Ruhe. Mit CD

Molinari, P.: Lebe statt zu funktionieren. So nutzen Sie die Kraft der Intuition

Wehner-Zott, S.; Himmerich, H.: Die Seele heilen. Ein Mutmachbuch für Depressive und ihre Angehörigen

Weitere Bücher

Fuchs, C.; Schmidt, R. R.: Kraftquellen. Klett-Cotta

Kast, V.: Was wirklich zählt, ist das gelebte Leben. Kreuz-Verlag

Köster, M.: Den letzten Abschied selbst gestalten. Alternative Bestattungsformen. Ch. Links

Kübler-Ross, E.: Über den Tod und das Leben danach. Silberschnur

Kutter, E.: Schwester Tod. Kösel

Saegner, U.: Papa, wo bist Du? Hospizverlag

Sammer, U.: Verlust, Trauer und neue Freude. Wie Abschiednehmen gelingt. Klett-Cotta

Seewald, P.: Klosterweisheit. Von den Mönchen leben lernen. Ludwig

Thompson Studienbibel. SCM R. Brockhaus

Vermaat, A.: Liebes, du fehlst mir so. Sichtbare Trauer – spürbarer Trost. Topos

Wilker, J.: Das Einmaleins der Achtsamkeit. Vom täglichen Umgang mit alltäglichen Gefühlen. Theseus

Bücher für Kinder

Gätjen, H.: Wie ist das mit dem Tod? Bastei Lübbe

Schwikart, G.; Fischer, U.: Von Sterben, Tod und Trauer den Kindern erzählt. Butzon & Bercker

LINKS, DIE WEITERHELFEN

www.portal-der-erinnerung.de
www.trauerlyrik.de
www.memosite.de
www.unsere-verstorbenen.de

Links zum Thema Sternenkinder

www.sternenkinder-eltern.de
www.sternenkinder.de
www.land-der-sternenkinder.de
www.nowilaymedowntosleep.org

HINWEISE

Die Inhalte dieses Buchs wurden von der Autorin nach bestem Wissen erstellt und geprüft. Die Ratschläge sind kein Ersatz für persönlich eingeholten, fachlich kompetenten Rat. Jede Leserin, jeder Leser trägt die Verantwortung für das eigene Handeln. Weder die Autorin noch der Verlag können eine Haftung für eventuelle Nachteile oder Schäden übernehmen, die aus im Buch gegebenen Hinweisen resultieren.
Der Sprache zuliebe wird auf die sprachliche Unterscheidung zwischen männlicher und weiblicher Form verzichtet. Bei im Original deutschsprachigen Zitaten wurde der alten Rechtschreibung der Vorzug gegeben.

Projektleitung: Nikola Hirmer
Lektorat und Satz: Knipping Werbung GmbH, Berg am Starnberger See
Innenlayout, Typografie, Umschlaggestaltung und Illustrationen: independent Medien-Design, Horst Moser, München
Herstellung: Renate Hutt
Reproduktion: Repro Ludwig, Zell am See
Druck und Bindung: GGP Media GmbH, Pößneck
Bildnachweis: Corbis: S. 4, 98 f.; Getty: U4, S. 2 (Bild oben und unten), 3, 4 (Bild Mitte und unten), 5, 12 f., 42 f., 70 f., 116 f., 132 f., 148 f.; Masterfile: U1
Syndication: www.jalag-syndication.de

ISBN 978-3-8338-2372-5 — 1. Auflage 2012
Die **GU-Homepage** finden Sie unter **www.gu.de.**

GRÄFE UND UNZER

Ein Unternehmen der
GANSKE VERLAGSGRUPPE

DAS ORIGINAL · GU · MIT GARANTIE

Unsere Garantie

Alle Informationen in diesem Ratgeber sind sorgfältig und gewissenhaft geprüft. Sollte dennoch einmal ein Fehler enthalten sein, schicken Sie uns das Buch mit dem entsprechenden Hinweis an unseren Leserservice zurück. Wir tauschen Ihnen den GU-Ratgeber gegen einen anderen zum gleichen oder ähnlichen Thema um.

Liebe Leserin und lieber Leser,

wir freuen uns, dass Sie sich für ein GU-Buch entschieden haben. Mit Ihrem Kauf setzen Sie auf die Qualität, Kompetenz und Aktualität unserer Ratgeber. Dafür sagen wir Danke! Wir wollen als führender Ratgeberverlag noch besser werden. Daher ist uns Ihre Meinung wichtig. Bitte senden Sie uns Ihre Anregungen, Ihre Kritik oder Ihr Lob zu unseren Büchern. Haben Sie Fragen oder benötigen Sie weiteren Rat zum Thema? Wir freuen uns auf Ihre Nachricht!

Wir sind für Sie da!
Montag – Donnerstag: 8.00 – 18.00 Uhr;
Freitag: 8.00 – 16.00 Uhr
Tel.: 0180-5 00 50 54*
Fax: 0180-5 01 20 54*
E-Mail:
leserservice@graefe-und-unzer.de

*(0,14 €/Min. aus dem dt. Festnetz/ Mobilfunkpreise maximal 0,42 €/Min.)

P.S.: Wollen Sie noch mehr Aktuelles von GU wissen, dann abonnieren Sie doch unseren kostenlosen GU-Online-Newsletter und/oder unsere kostenlosen Kundenmagazine.

GRÄFE UND UNZER VERLAG
Leserservice
Postfach 86 03 13
81630 München